LAURA Y FRANCESCO

-Novela-

Registro P. Intelectual: V-1714-16

AUREA-VICENTA GONZÁLEZ MARTÍNEZ

DEDICATORIA:

Para los soñadores de *Utopía*.

ACLARACIÓN:

Tanto la trama como los personajes son creaciones literarias de la autora, cualquier parecido con la realidad, o con personas, vivas o muertas, ha de ser considerado una mera coincidencia.

Termas es el nombre ficticio de una pequeña capital de provincia situada a orillas del Mediterráneo en la que se hace transcurrir la mayor parte de la acción.

Los lugares de conflicto bélico, o de tensiones, en los que la protagonista se supone que ha prestado servicio profesional pueden ser, desgraciadamente, tantos puntos del Planeta que sería baladí el enumerarlos.

VERSOS SANGRANTES

-A Laura de Noves-

¡Feliz la losa que cubre su bello rostro!
Que, después de que se haya quitado el velo hermoso,
si fue feliz quien la vio en la tierra,
ay, ¿qué no será el que la vea en el cielo?

FRANCESCO PETRARCA
(1304- 1374)

SUMARIO

Dedicatoria   Página   5

Aclaración   Página   7

Poema de F. Petrarca   Página   9

CAPÍTULOS:

DUELO

CASA NUEVA

AJUSTE

VUELO

ESPERANZA

DUELO

Es un día insultantemente espléndido. Los rayos solares, más que las lágrimas por el difunto, han convertido a nuestro pequeño grupo reunido delante del columbario en una variopinta muestra de gafas de sol de variados tamaños, colores y diseños.

Es espantoso reparar en lo insignificante, son terriblemente vacuas las imágenes en las que fijo el pensamiento, me horroriza el grado de abstracción con el que contrarresto de manera implacable el dolor en todas sus formas, pero sé que no puedo evitarlo.

La observación de fruslerías sin sentido por mi parte, cuando estamos dejando aquí, en el pequeño cubículo que le han destinado, la sobria urna que contiene las cenizas de Roberto, hace que por un momento intente renegar de la insensatez con que procuro ahuyentar la consternación que me produce este hecho; es inútil. Aprendí desde muy cría a ser fuerte, a sentirme segura única y exclusivamente encerrándome en ese rincón oscuro que todos llevamos en nuestro interior pero en el que muy pocos osan adentrarse quizás por prudencia o puede que por temor a no poder volver a salir de él.

Veinte personas, un número hermoso en sí mismo pero una cantidad bochornosamente exigua de asistentes al sepelio, un brevísimo cortejo.

Mi falta de empatía hacia la joven viuda de Roberto, Merche, no es algo que vaya a quitarme el sueño, de eso estoy bien segura. Ella es una mujer que merece, y se lo ha ganado a pulso, el glacial trato que comencé a dispensarle en cuanto pude achacarle, sin ningún género de dudas, la dolorosa fractura de mi amistad con su marido. Todavía llevo clavada una astilla en lo más profundo.

No haber podido encontrar las palabras necesarias para consolar debidamente a Maruja, su compungida madre, sí que me tiene perpleja. Posiblemente intuyo que afronta su pena, inconmensurablemente más dolorosa que la mía, con más temple del que yo poseo.

"Nunca llegas a dominar del todo las situaciones traumáticas. No has de sentirte mal por ello." La frase, probablemente traducida directamente del manual en inglés del que nunca se desprendía nuestro superior, nos la repetía con frecuencia a Roberto y a mí tras las escaramuzas en las que habíamos de bregar frecuentemente y algunas veces se saldaban con funestos resultados.

Jamás se me ocurrió pensar en que también allí, después de un enfrentamiento armado, se celebrarían duelos; quizás abundarían las lágrimas; quién sabe, puede que más de las que se han derramado por mi fallecido compañero.

Aunque ahora y aquí parezca obvio, tampoco había caído en la cuenta de que un sol impertérrito y sempiternamente presente como el que luce por aquellos lugares castigaría a los parientes y amigos de los finados tal como nos sucede a nosotros.

-Deberían ustedes aguardar en la capillita o en la recepción mientras termino de tapiar el nicho.

Parece que hasta ahora no hemos sido conscientes de la presencia del amable hombre que, paleta en mano, ayudándose del triangular utensilio, acaba de tomar, del pequeño balde que ha traído consigo desde algún recóndito lugar del cementerio, una pequeña porción de masa blanca que coloca con mimo en el esparavel que sostiene su diestra.

En la gaveta que tiene a sus pies observo que no hay mucho volumen de pasta, tampoco es que sea muy grande la concavidad cuyo frente debe sellarse.

Maruja y Merche le rodean cada una por un lado y como de común acuerdo se interponen entre él y la pared en la que la huella mortal de un hijo y un marido va a ser ocultada definitivamente a la vista de los vivos.

Algo se ha roto en mi interior, tengo ganas de ponerme a gritar, es un impulso que parece desbordarme por completo, aprieto con fuerza los dientes, tanto que mucho me temo que algunas de las piezas han de resentirse después, no me importa, es una lucha y estoy acostumbrada a pelear.

Aguardo con el firme propósito de que la voluntad se imponga sobre mis emociones y con los puños fuertemente cerrados, procurando que las romas uñas se claven rápido en la carne de las palmas de mis manos, atraigo la cálida sangre hacia la superficie de la dolorida piel.

Afortunadamente para mí he cercenado con efectividad el fortísimo descontrol así que procuro mantener fija la vista en la figuras de la madre y la mujer de Roberto; ambas se alzan ahora sobre las puntas de sus pies y al unísono depositan en la oquedad, delante del vítreo contenedor, una rosa blanca y otra roja procurando que las hermosas y perecederas flores queden lo más próximas posibles de lo que resta de su ser querido; poco, terriblemente casi nada, de aquél que fue un compañero en los peores momentos que hasta ahora me han tocado vivir y que partió de este mundo sin que nos reconciliáramos.

El cielo parece querer unirse al intenso llanto que sorpresivamente ha surgido desde mis hasta ahora resecos lagrimales; comienza a llover con intensidad, gruesas y frías gotas se abalanzan sobre el entorno primero y después, con brutal determinación de verter todo el líquido que parece portar la colosal nube que se ha detenido sobre el camposanto, desembolsa un aguacero que en un santiamén nos deja a todos chorreando.

No puedo moverme, no entiendo cómo ni de dónde ha podido aparecer semejante lago flotante, soy presa de la incredulidad, intento mirar a lo alto pero apenas puedo abrir los ojos y me quito de un manotazo las oscuras gafas, he de volver a colocármelas sobre el rostro con premura ya que la fuerza del agua, aunque ha amainado un poco su virulencia, todavía es tal que me lastima los párpados.

*****

Me mantengo a una respetuosa distancia del enterrador. El hombre anda y desanda sus pasos sobre la húmeda gravilla con efectividad y sin que aparentemente le moleste lo más mínimo mi silenciosa observación del cumplimiento de sus deberes.

Asombrosamente, la catarata de líquido elemento que hace un rato nos inundó ha sido absorbida diligentemente por la tierra que se esconde bajo los hermosos y multicolores cantos rodados que festonean por ambos lados los pasillos de cemento que recorren el lugar y permiten visitarlo en toda su extensión.

Al fin nos detenemos junto a una bella porción de mármol blanco labrado, una hermosísima gran pila de cuyo único grifo está claro que se aprovisionan de agua los visitantes que traen ofrendas para los difuntos. Los restos de hojas y flores han obstruido el desagüe de la oquedad y, desbordándola, se lanzan ordenadamente y con parsimonia hasta los guijarros que tapizan los alrededores quedando tendidos sobre la desigual alfombra para ser acariciados, quizás por última vez, por el triunfante Sol que vuelve a lucir espléndido.

Mi asediado introduce sus dos brazos en el agua y procede a extraer los restos de plantas y hojas que naufragaban dentro de la hermosa pieza tallada, las amontona en el suelo y procede a unirlas con las que ya las aguardaban allí formando con todo una compacta y manejable masa de húmedos desechos y nos enfilamos hacia la gran tapia que se atisba al fondo, él delante, sacudiendo ligeramente los brazos, sin duda para que escurran los restos de lluvia de los residuos, y yo detrás, ejerciendo por costumbre y por oficio y sin que venga al caso de fiel guardaespaldas hasta en un cementerio.

-Será un momentito, señora. Enseguida termino de recoger y soy con usted para lo que necesite.

Me ha sorprendido mucho el que se haya roto el mutismo de ambos y más que sea él el causante.

Cabeceo en señal de aquiescencia y me mantengo en silenciosa contemplación de su trajín.

Con escrupuloso sentido del deber y mucho cuidado, levantando apenas una punta de la lona verde que cubre el gran volquete que reposa junto a lo que ahora parece ser una salida de servicio, mi líder lanza dentro con pericia los desperdicios que porta y tras ello vuelve a velar el contenedor con la cubierta que parece hecha de un resistente tejido de cáñamo teñido con el color simbólico de la ecología.

-Por mí no se preocupe, señor. Le aguardo si no le importa.

-Naturalmente que no, señora.

Retorno al mutismo y me abismo en la contemplación del imponente portalón de hierro encastrado entre las formidables tapias, son unos muros de al menos seis metros de alzada según calculo.

Seguro que, en otras épocas, las aparatosa y tremendas carrozas fúnebres no encontrarían ningún obstáculo en traspasar la muralla dada la amplitud del portón.

Un recinto difícil de violentar o de abandonar, según se quiera; ojalá hubiéramos disfrutado Roberto y yo de semejante amparo en nuestro último destino laboral.

Y, sin embargo, tuvo que venir a este, aparentemente, puerto seguro para fenecer.

Debo de haber exhalado un suspiro mayúsculo pues el hombre me mira con interés y un punto claro de preocupación pintado en su moreno rostro.

Trato de quitar hierro al asunto y utilizo la vía más expresiva que conozco para darle un vuelco a la situación: me encojo de hombros al tiempo que le muestro las palmas de mis manos acompañándome de un leve cabeceo y un atisbo de sonrisa.

Sin más demora, y sin que yo deje que se me escape de la boca sonido extemporáneo alguno, volvemos a las inmediaciones del pequeño pariente del Taj Mahal, igual de deslumbrante su roca metamórfica, ahora completamente desembarazada la pila de residuos y vaciada de los lagrimones celestes que la habían colmatado.

Antes de decidirme a hablarle espero a que se enjugue con esmero las manos y los tostados brazos tras haberse lavado y desprendido de los transparentes guantes que ha lanzado al discretísimo contenedor amarillo que aguarda pacientemente a ser requerido.

Como no sé cómo iniciar la conversación opto por poner en palabras lo más agradable que puedo rebañar de mis recuerdos inmediatos.

-Mientras venía hacia aquí he visto en las rotondas varias aves.

-Son garcetas, señora.

- ¿Viven aquí?

- No. Son estacionales. Parece que muchas de las que nos visitaron ya marcharon hacia África, señora. Debieron quedar las crías poco desarrolladas agrupadas.

- ¿Agrupadas?

-Son pájaros, pero como todo lo que hay sobre la Tierra se rigen por un mutuo auxilio, o se extinguirían.

Trato de no ser grosera con mi interlocutor pero no puedo evitar el mirar al hombre con fijeza.

- ¿De veras lo cree usted?

-Lo sé.

La contestación es franca y directa, un estremecimiento recorre mi espina dorsal al recordar los momentos de mutua ayuda, de protección entre Roberto y yo; ahora él ya no está, se ha ido definitivamente sin despedirnos siquiera, enemistados.

Trato de reponerme con celeridad y sin más, extiendo la diestra y atrapo la zurda que él, correspondiendo velozmente y sin remilgos a mi iniciativa, me tiende con la mayor naturalidad. Nos estrechamos las manos y reparo con agrado en que me mira directamente a los ojos.

Me tranquilizo al instante: este hombre es de ley, seguro.

-Usted me dispensará pero es que además de zurdo, ando un poco magullado de este brazo.

Sonrío y él me devuelve el humanísimo gesto.

La límpida luz que aflora a sus pupilas desde el fondo de esos ojos negros bordeados de profundas arrugas acaba de conquistarme e instintivamente relajo el defensivo apretón en el que mantenía presa su mano y la libero.

-Soy Laura Nova -No me avergüenza el descarado trémolo que ha emitido mi garganta.

-Respondo al nombre de Rafael Expósito, señora.

-Hola, Rafael Expósito.

Me sonríe más abiertamente, creo que me ha calado y no me molesta, al contrario. Rafael se anticipa a mis palabras.

-Si me dice Rafa, acudo lo mismo.

-Si me llama Laura, igualmente.

Nos reímos a mandíbula batiente, tanto, que de pronto, ambos parecemos caer en la cuenta de dónde nos hallamos y nos ponemos tristemente serios.

-Una pena lo de su amigo Roberto.

Me estremezco a mi pesar.

Medito un instante y hago uso del diminutivo de forma consciente, me encuentro a gusto con este hombre.

- ¿Lo conocía usted, Rafa?

-No, no, señora Laura. Tengo la pequeña lápida que han traído los de la funeraria en la caseta, mañana, o, a lo más tardar, pasado mañana si sigue haciendo bueno, yo o mis compañeros la colocaremos.

- ¡Ah! -suspiro con mayor fuerza de la que hace mucho he podido mostrar-. Rafa.

-Dígame señora Laura.

-Por favor, Laura, sin más, a secas.

-Como mande.

-Se lo ruego.

-Vale.

- ¿Cómo ha sabido que era amigo mío? Si no quiere no me conteste, es curiosidad de mujer.

-Si le digo la verdad, creo que de casi todos he podido adivinar lo que les unía al fallecido.

- ¿Sí? -realmente estoy sorprendida.

-No es nada raro, Laura. Son muchos años de oficio.

Debo de parecer tan sorprendida que Rafael, con un gesto, me indica el diminuto banquito de madera de pino que tenemos cerca y parece haberse desprendido de cualquier señal de humedad bajo el intenso sol que hace rato señorea el lugar.

-Si tiene un minuto se lo explico que ya veo lo muy cansada que está, Laura.

- ¡Cielos! Es verdad, Rafa. No me había dado cuenta de que entre el chaparrón y las emociones estoy agotada.

- ¿Prefiere hablar tomando un café? Pagamos a escote, que luego podrían acusarla de comprar a un funcionario público y a mí de admitir sobornos.

En unos instantes he pasado de la más absoluta perplejidad a las carcajadas.

-Lo…, lo siento… -tomo aire intentando recomponerme.

-Acabo mi turno ahora mismo. Si quiere, mientras paso los trastos a mis dos compañeros, usted podría despedirse.

- ¿Cómo?

-Ya veo lo mareada que está, Laura. Vamos, la acompaño hasta el columbario y mientras usted… Bueno, que me cambio y salimos a por el café de marras, ¿le parece bien?

No contesto, me cojo del brazo de tan amable persona y echamos a andar muy despacio en la dirección que ha apuntado y pasamos cerca de una gran extensión de deslumbrante césped que con su color insultantemente verde parece mantener a raya a los imponentes, leñosos y señoriales cipreses que custodian mayestáticamente los cuatro puntos que conforma su cuadrado espacio.

Se está bien aquí, protegida y segura pese a estar calada y rodeada de difuntos.

*****

-Lo de Expósito es por haberme criado en una Casa de Beneficencia.

- ¡Ah!

-Sí, es algo muy bueno el saber que siempre tienes una referencia segura y la mía, aunque a muchos no les parezca lo mismo, me da mucha serenidad para el día a día.

-Y, ¿cómo es eso?

Rafa me está observando como si de verdad dudase de que su respuesta a la pregunta realmente me interesa.

Tomo con ambas manos la cálida taza de café que hace poco nos acaban de traer; todavía se desprende algo de humedad de mi ropa y les dedico una lastimera mirada a los sobrios pero elegantes zapatos de charol negro y el gran bolso a juego que he elegido esta mañana para asistir al sepelio.

Rafa está pendiente de su café, contemplo cómo remueve lentamente las cuatro bolsitas de azúcar que ha vertido sin pestañear dentro de la taza y está claro que antes de volver a comunicarse conmigo degustará algo del escalofriante dulzor.

Yo tomo otro sorbo, pequeño, y apenas saboreo lo que se desliza por mi paladar.

Me abismo con añoranza en otro día, hace algún tiempo, quizás no demasiado, pero me parecen siglos lo transcurrido, ese en que bolso y zapatos me costaron una fortuna que pagué de muy buen grado tras disfrutar de un excelso capuchino.

Nunca he sido austera pero nadie esperaría de mi comportamiento normal que derrochase de semejante forma en los dos artículos prácticamente el total de la paga de un mes.

Sonrío a mi pesar. Rafa me observa ahora, en silencio, con una insospechada complicidad, mientras moja sin empacho grandes trozos de ensaimada en su café.

Estaba en Milán y a la par que aguardaba a que Francesco liquidase sus asuntos legales para volar conmigo hasta Termas tras mi renuncia al puesto de trabajo, trataba de recomponerme.

Callejeaba sin rumbo concreto y entonces, amparándome de una lluvia, que también me caló hasta los huesos y parecía hacer juego con mi estado de ánimo, me acogí al magnífico refugio que me ofrecía la preciosa construcción de Giussepe Mengoni.

Afortunadamente la voz de Rafa me saca de las evocaciones; pese a todo, abandonar mi profesión fue un trago duro, insospechadamente doloroso.

-En mi trabajo, y, créame, Laura, no es malo la mayoría de las veces, el saber que todos venimos a dar en tierra, polvo o cenizas, sea cual sea nuestro origen, es un bálsamo -se detiene unos instantes, cavilando-, te comunica la fuerza de pertenencia al género humano, es como formar parte de un gran conjunto, y al tiempo, de algo mayor.

Aterrizo del todo en Termas, cómodamente sentada a la mesa del pizpireto local al que mi interlocutor me ha acercado después de decirle adiós, puede que por última vez, a Roberto.

-Creo que ahora mismo no puedo entender por completo lo que intenta transmitirme, Rafa, pero, en cualquier caso, me alegra mucho el que no lamente…

- ¡Claro que no! Uno tiene que hacer siempre lo correcto, si los que nos antecedieron no pudieron, o no quisieron, o no les dejaron, pues, ¡bien está! ¿No cree, Laura?

-Desde luego, Rafa -le digo sinceramente.

-Antes me ha preguntado por las garcetas, ¿se acuerda, Laura?

- ¡Es verdad! Pero, también le he interrogado respecto a sus dotes de observación. ¿Tiene tiempo? Me desagradaría mucho el retenerle tras la jornada de trabajo.

Por toda respuesta, mi acompañante levanta el brazo con familiaridad para atraer la atención de la amable y sonriente joven que nos está atendiendo. El local está ahora prácticamente vacío.

Al instante se acerca a nosotros y se inclina hacia mí trocando su gesto al de una sincera preocupación mientras me dirige la palabra.

- ¿No querría secarse un poco el pelo y la ropa, señorita? ¿Tenemos un estupendo aparatito escondido en el armario de los vestidores?

- ¡Ah! No, muchísimas gracias. Tengo costumbre de andar siempre así de desaliñada y la suerte de no enfriarme por ello. Es muy amable.

-Estupendo, me alegro de veras. Yo, en cuanto me mojo un poco, y eso que llevo el pelo a lo garçon, tal como puede apreciar, pillo un resfriado, cosa que, como comprenderá, no es bueno para conservar el puesto de trabajo.

Mientras habla ejecuta una graciosa vuelta completa para que nos cercioremos de que, efectivamente, su nuca está despejada de cualquier exceso capilar.

-De todas formas, muchas gracias, de veras -noto que me ruborizo, otra cosa que no me ha sucedido en tiempo. El arrebol crece de manera exponencial en mi rostro según indica el calorcillo que lo invade cuando veo que mis dos contertulios han reparado en ello-. ¿Saben? Son tan atentos conmigo...

En un inesperado arranque, la muchacha atrapa una de mis manos y me la acaricia con suavidad.

Rafa, sin osar tocarme, está claro que ha tenido el mismo impulso y se ha notado mucho que le costaba refrenarlo; yo, al parecer con todas mis defensas vencidas, me arrepiento de corazón de haber hablado en exceso.

- Pero, ¿Cómo es posible, Rafa?
- ¿Qué dices, muchacha?

Asisto perpleja al intercambio de las para mí inconexas palabras.

-¿No has visto que la señora tiene unas heridas en la mano?

-¿Heridas?

Voy a esconder la otra rápidamente pero es evidente que mis reflejos no están en su mejor momento y la joven se apodera de ella antes de que yo inicie la maniobra de ocultación.

- ¡Santo cielo!

La alarmada exclamación que ha surgido de sus labios y girarse para salir presurosamente hacia la puerta del fondo del local ha sido todo uno.

- ¿Cómo se ha hecho semejante carnicería, Laura?
- Así que también ha adivinado que he sido yo misma la autora del desmán, Rafa.
- Naturalmente.

Procuro que no se percate del bochornoso y claro sentimiento de doble culpabilidad que se ha apoderado de mí. No tengo más remedio que mirar obstinadamente hacia la lisa y resplandeciente superficie que me ofrece el suelo de este establecimiento, un café en el que, además de ser el centro de atención, acabo de afirmarme en la convicción de que mi renuncia a seguir trabajando lejos de mi patria como guardaespaldas está más que justificada.

- ¿Se encuentra bien, Laura?

No tardo ni un segundo en responder, ahora soy plenamente consciente de mi incapacidad laboral y, en contra de lo que sería de esperar, me siento liberada. Las decisiones tomadas con conocimiento de causa, sean las que sean, no me preocupan.

-Sí, por supuesto -Ahora sí, miro directamente esos ojos negros que muestran preocupación por esta desconocida-. Ha sido un mal pensamiento lo que me ha demorado en contestarle, Rafa. Tranquilo, ya pasó.

-Me alegra que ya esté repuesta, Laura.

Un trozo de ensaimada abandonado a su suerte dentro de la taza de café naufraga en ella y comienza a deshilacharse en el líquido. Tras haber contemplado la fruición del hombre con el alimento que estaba disfrutando no me cabe duda de que soy la culpable de en gran quebradero de cabeza para él.

-Ya estoy aquí. ¡Venga esas manos! Ojito con querer escabullirse de mis cuidados sanitarios -se ríe con alegría contagiosa-. Le advierto que he hecho dos cursos completos de enfermería y sé lo que hago.

-No pienso discutir -afirmo muy determinada colocando ambas palmas vueltas hacia arriba encima de la mesa-. Muchas gracias y espero me perdonarán ambos por el trastorno que les estoy causando -tomo aire antes de proseguir ya que la joven y Rafa me miran con atención, nada que no pueda sobrellevar ahora que estoy con los pies en el suelo respecto a la fractura de la templanza de mis nervios-. Me llamo Laura Nova -me presento a la joven.

-¡Encantada de conocerte, Laura Nova!

Ha sido lo más parecido a un gorjeo interpretado por una voz humana lo que ha salido de la garganta de la muchacha que sin más se apodera de mis manos y comienza desinfectar los feos agujeros que las uñas han producido en la carne de las palmas.

-Yo soy Irene Expósito.

-Tienes el mismo apellido que Rafa -está claro que ando liviana de contención, he pronunciado las palabras con excesivo ímpetu-. En fin, perdona, Irene, es que ya…

-Irene es mi nieta, Laura -En el tono muestra el orgullo que siente el hombre.

La joven saca la lengua a su abuelo, ambos rompen a reír y yo, tras unos momentos de demora, me uno de buena gana al festivo ambiente.

-Si te escuece, te aguantas, preciosa Laura.

-¡Vaya con la niña! ¿También hablar así a los dolientes te lo enseñaron en esos famosos dos cursos? Esta criatura me desespera, Laura, de veras, no se toma en serio el finalizar los estudios.

-Abuelo, eres la monda, tesoro.

-Dejó pasar la oportunidad de acabar de estudiar por…

En la puerta del bar ha hecho su aparición un hombre que desde allí nos observa con gran atención; viste un traje gris perla que lleva demasiado abrochado para la época y, desde luego, no muestra ningún signo de humedad en el invernal tejido.

Nosotros tres somos los únicos que estamos ahora en el café, los restantes clientes salieron hace un buen rato de aquí, así que no doy tiempo a Rafa a que termine la frase, propino una rápida pero efectiva patada a la mesa en que nos hallamos y ante la sorpresa de mis dos huéspedes tomo ímpetu, me incorporo y en dos calculadas zancadas me lanzo sobre el intruso cayendo con efectividad sobre él.

*****

-Ha sido alucinante, Laura Nova.

El arrebol que muestran las mejillas Irene es mi mejor recompensa. Quizás el hombro se ha dislocado un poco pero ha valido la pena devolver el favor que abuelo y nieta me estaban haciendo ocupándose de mí.

-No ha sido nada, es mi trabajo, Irene. Lamento el estropicio que se ha formado -digo realmente compungida.

Todavía están las sillas, la mesa y todo lo que había encima de ella desparramado por el suelo y echado a perder sin remedio el contenido del botiquín y las dos tazas rotas junto a los cubiertos; milagrosamente, los tres platitos sobre los que se posaban las tazas y el que Irene trajo con las ensaimadas para Rafa se mantienen incólumes.

-No sea modesta, Laura. De no haber sido por usted, quién sabe lo que hubiera pasado.

El hombre no se ha repuesto todavía del mal trago de ver rodando por el suelo un arma, la que empuñaba el maleante y que defendió con tanta energía y que no soltaba.

-Déjalo, abu... -suspira y se lleva ambas manos al pecho para intentar apaciguar el desigual ritmo que todavía lleva su corazón-. Nuestra amiga Laura es una persona que hace mucha falta por estos barrios, abuelo.

-Ya han oído a los agentes del orden. Procurarán patrullar con más frecuencia por aquí -trato de apaciguar su inquietud pero comprendo que la situación recién vivida es difícil de asumir desde su perspectiva-. Normalmente con tales medidas disuasorias es más que suficiente.

-¿Usted cree, Laura? -el tono de voz de Rafael denota incredulidad.

-Se lo puedo asegurar, Rafa. -Ahora soy yo la que toma las manos de la joven; Irene no se resiste y me las confía despegándolas de su alterado pecho-. Quédate tranquila, Irene. Estos asuntos que tanto trastornan el normal discurrir de la vida son sólo excepciones en una regla de convivencia que funciona y para controlarlas bastan y sobran las precauciones de vigilancia preventiva.

-Gracias, Laura. De corazón se lo digo.

-Tutéame, te lo ruego, Irene. Me siento muy mayor para que me llamen señora o me hablen de usted -me giro hacia su abuelo-. Espero que no tendrá inconveniente en que alguien tan poco recomendable como yo sea amiga de su nieta, Rafa.

Los tres liberamos la tensión recién padecida echándonos a reír a carcajadas y esto, más que la presencia policial en las inmediaciones del edificio, creo que ha sido determinante para que los nuevos clientes se adentren en el local.

CASA NUEVA

Francesco me observa con ojo crítico y permanece callado pero sé que en cuanto ponga mis cosas en orden procurará que me presten asistencia médica. Él es como una extensión mía, la parte más práctica y sensata, y sabe, antes que yo, qué es lo que me conviene.

-Te has arriesgado mucho hoy, Laura.

-¡Quita ahí!

-Te lo estoy diciendo en serio, querida mía.

-Lo sé, tesoro.

Estoy despejando la mesa de despacho en la que tengo intención de llevar en adelante mi vida profesional. Todavía estamos instalándonos, ocuparemos este cuarto de la nueva casa, exterior, espacioso y bien iluminado por la luz natural, para ofrecer nuestro trabajo a los posibles clientes.

La casa nueva no es gran cosa en cuanto a espacio pero una reciente reforma parcial en el vetusto edificio ha facilitado el poner en solfa y presentable este entresuelo en cuyo balcón ya hay colocado un discreto pero pintoresco cartel luminoso que nos anuncia: LAURA & FRANCESCO. Agencia de Detectives.

-¿Quizás debía haberte acompañado al entierro.

-Seguramente te habría conmovido en exceso el sepelio, Francesco. Después de todo nunca conociste a Roberto, tesoro.

-¿Te fue mal fue el asunto?

-Peor que mal. Reconozco que mi presunta fortaleza se ha quebrado irremediablemente.

Mi prometido se acerca, toma mis manos entre las suyas y antes de besarme con amoroso cuidado los dorsos repara en la multitud de tiritas color carne que Irene ha colocado en las palmas para mantener higienizadas las heridas que me provoqué. No dice nada, no se extraña, únicamente extiende sus afectuosas caricias hasta mi frente.

-Lo lamento, querida mía.

-Lo sé, tesoro.

Así ha sido siempre nuestra relación, no nos hace falta utilizar un exceso de vocabulario, él y yo, yo y él.

No fue así siempre, nos conocimos en circunstancias que de ningún modo auguraban continuidad en el trato. Él, reponiéndose de una caída en los Alpes que le fracturó, de nuevo e irremediablemente ya para la escalada, un tobillo, yo, con una bala alojada limpiamente en un muslo que requería de una intervención segura para extraerla dada la cercanía de la femoral.

Qué más da, es el presente lo que cuenta y aunque el futuro nos depare sorpresas ahora estamos juntos, bien y satisfechos.

-Hay una cosa que me tiene todavía perpleja, tesoro.

-Tú dirás.

Francesco ha elegido para sí una funcional mesa de oficina, algo metálico y espantosamente útil e higiénico.

Mientras coloca milimétricamente una butaca de respaldo alto pero sin brazos bajo el mueble sobre el que ya hay un ordenador y una impresora láser, me mira con interés y aguarda con paciencia, igual que siempre hace, a que yo prosiga.

No es fácil poner en orden todas las cosas que quiero compartir con él así que me lanzo sin meditarlo ni un minuto más.

-¿Sabes que Rafa, Rafael Expósito, el abuelo de Irene, ha señalado fehacientemente a cada uno de los que hemos asistido al duelo y nuestra relación con Roberto?

-Explícate, querida mía.

Abandono mi quehacer para abrir de par en par el balcón y salir fuera. Por lo que puedo ver, la lluvia ha hecho un buen trabajo de limpieza en los azulejos de la fachada y en el medio metro del suelo que ahora piso.

Los plátanos que custodian este lado de la calle relucen bajo el mortecino sol del atardecer, las hojas color tabaco de las que se han desprendido tapizan toda la acera y parte del pavimento de la placeta; el parque infantil que hay allí permanece desierto.

-¿No es un mal sitio éste, verdad, Francesco?

Vuelvo a entrar y tengo la precaución de correr la acristalada puerta deslizante, llevamos aquí pocos días y ya hemos tenido que sacar afuera a varias parejas gorriones que por lo visto pretendían hace su nido en nuestra vivienda.

-¿No te decides?

-Sí, perdona, tesoro -me acerco y le doy un liviano beso en la mejilla, él me sonríe con esa resignación que siempre ha tenido conmigo y mi desordenada forma de expresarme-. Verás, Francesco, ha sido muy raro todo, te lo confieso.

Tomo asiento en mi mullida butaca de despacho, hace rato que me cambié de ropa pero siento como si la humedad permaneciese sobre mi piel.

Contemplo cómo él también se sienta y estira sus largas extremidades inferiores. Me invade un cálido sentimiento, algo parecido a la emoción al constatar que toda su atención está puesta en mis palabras.

-Cuando quieras, querida mía.

-Verás, tesoro. Primero he de confesarte que Rafa es una persona que me tiene muy impresionada -recapitulo y me lanzo a hablar sin más demora-. Él tiene una forma muy concreta de catalogar la ligazón que une con los finados a todo aquél que se persone en un entierro y por lo que he podido comprobar en esta primera toma de contacto con su habilidad no yerra ni en lo más mínimo -Francesco no dice nada-. Además, y no creas que es poca cosa, tesoro, su concepción de pertenencia al grupo humano me la ha demostrado poniéndome en antecedentes sobre las costumbres de la migración de garcetas y relacionándolo todo.

-No te entiendo, querida mía. ¿Podrías ser más explícita? Mezclas aves y personas y no te comprendo, Laura.

Casi me sobresalto, es excepcional la interrupción de Francesco así que procuro estar a la altura de su interés por llegar al meollo del asunto, realmente de este batiburrillo poco puede opinar.

-Él piensa que todo en la Naturaleza se apoya, que existe un vínculo común para la continuidad -procuro cerrar los ojos en un fuerte intento de concentración para no desviarme de la línea-. Así que cuando a las preciosas aves que vienen a Termas desde África les llega el tiempo de retornar allí han de dejar a las crías más menudas en nuestra tierra y éstas se agrupan y se crían juntas en espera de que los progenitores vuelvan a la temporada siguiente -Veo con emoción cómo mi prometido se estremece, y cabecea afirmativamente-. Todo ello lo incluye en lo que nos sucede a los pertenecientes al género humano, que hemos de intentar no andar en soledad o, según dice, aunque sobrevivamos individualmente, no prosperaríamos como especie.

-Me parece que tu amigo es un gran pensador, Laura. Creo que deberíamos frecuentarle si a él no le incomoda, querida mía. Nosotros dos más que nadie deberíamos agruparnos en torno a él ya que no es sólo cuestión de protección y compañía lo que con su filosofía preconiza, es de perfeccionamiento humano.

No puedo más que levantarme de un salto y lanzarme sobre él. Adonde no llega mi entendimiento de conjunto, Francesco está instalado.

Un fuerte dolor me sacude el hombro, instintivamente me llevo la mano a la parte de mi anatomía que ha recibido el tremendo castigo de que caiga sobre ella el peso de mi interceptado asaltante.

Francesco se levanta y me incorpora, estoy doblada por el dolor que de repente se vuelve tremendamente incómodo de aguantar, ha sido inútil obviarlo.

No me resisto, le indico con un gesto la carpeta en la que tengo la documentación necesaria para que nos atiendan en un hospital y él la toma.

Afortunadamente, Francesco, se ha encargado de los asuntos oficiales y mucho antes de publicitar nuestra pequeña empresa él se aseguró de que cumplíamos todos los requisitos legales.

Nos encaminamos hacia la puerta al tiempo que suena el melodioso timbre de la vivienda.

*****

-Creo que hasta dentro de unos días será imposible el darte noticias, Maruja, si es que las hay -apostillo- . Bien quisiera que las cosas fueran más rápidas pero no es posible.

Comprendo que la madre de Roberto confíe plenamente en mis dotes de investigadora después de las encendidas loas que al parecer le hacía su fallecido hijo de las presuntas capacidades que poseo pero con un brazo en cabestrillo y el íntimo convencimiento que tengo bien arraigado de que a mi compañero le sobrevino la muerte por un accidente casual, no es cosa de ponerme a dar palos sin ton ni son.

Todo éxito viene precedido de reflexión más que de acción, siempre lo he creído así y tampoco ahora, y a estas alturas de mi vida, voy a cambiar.

Maruja, previsiblemente enfadada, ha colgado sin despedirse siquiera. No puedo reprochárselo, ella vino hasta mí con una urgente necesidad de certezas, no le he proporcionado ninguna, tres días después.

Nos disponíamos a salir hacia el hospital y bonitamente se apuntó a acompañarnos. Procuré no aumentar su duelo con ninguna

queja mía pese al dolor que me atenazaba en esos momentos y accedí sin protestar cuando me encomendó la investigación. La verdad, más que nada por apaciguar su manifiesto desespero. Muy conturbado debía de andar su espíritu, imposible añadirle una carga más a pocas horas de haber enterrado a Roberto.

Por ahora no tengo nada que decirle.

Lanzo el teléfono a la gaveta que contiene los papeles que necesitan ser resueltos en breve, no es que esté muy poblada pero afortunadamente los documentos ya abultan lo suyo y han mantenido a salvo mi móvil. Una suerte, por cierto, pues no está nuestra economía para despilfarrar con gastos extra.

-Siento que te haya puesto de mal humor, querida mía.

-No te preocupes, Francesco -hablo sin mirarlo aunque es inútil tratar de disimular delante suyo-. Maruja no atiende a razones. En mi opinión, Roberto se cayó y se rompió el cuello y ya está. Hay que

disculpar a una madre que está sufriendo la angustia de la incertidumbre pero me choca mucho que ella no sepa de mi virulento alejamiento con su hijo y todavía me inquieta más el que si conoce nuestras discrepancias las obvie.

Desde luego el tono desabrido de mi voz no pasaría desapercibido ni aunque el oyente me acabase de conocer.

-Tampoco ganas nada con quedarte aquí sentada, querida mía. Te haría bien el tomar un poco el aire. Creo que el camino en el que sufrió el accidente tu compañero está a poco más de tres kilómetros en línea recta desde nuestra casa. Si quieres, hacemos el recorrido juntos aunque ya sé lo bien que resuelves tus dudas cuando te dejo a solas con las cuestiones que te inquietan, Laura. Además, tengo el tobillo algo tenso. La humedad de Termas no es que me lo pongo fácil.

Voy a abrir la boca para oponerme enérgicamente pero al mirar a las pupilas de los celestes ojos que me contemplan llenos de afecto opto por asentir.

-Tienes razón, tesoro -me pongo en pie de un salto-. Acércame el bolso pequeño, por favor, Francesco. Está en la cómoda.

Apenas ha pasado un minuto cuando ya está de vuelta con el pequeño adminículo en el que caben mis documentos y el móvil. Francesco introduce ambas cosas en el bolso tras rescatar el segundo de su inopinado albergue y lo primero del primer cajón de mi mesa junto un pequeño montoncito de papel dinero. Colgada de un brazo también trae un holgada rebeca, ligera pero muy cómoda de llevar, que me echa por encima del cabestrillo tras introducirme el brazo sano por la manga correspondiente.

-Tu bolso de charol y los zapatos están recuperándose muy bien del remojón que padecieron, querida mía.

-¿Cómo lo has conseguido? Yo los daba por perdidos.

-Eres un dulce tormento, Laura. ¿Cómo no van a ser capaces de restablecer su belleza cosas tan costosas? Primero los envolví en toallas muy esponjosas, después los dejé ventilándose a la sombra bien rellenos de papel de seda y por último, con una mano de lustre verás cómo vuelven a estar listos para soportarte, querida mía.

Todo ello lo ha ido diciendo llevándome como a una niña pequeña y díscola hasta la puerta de nuestra casa, la ha abierto y me ha dado un cariñoso empujoncito para que me decida a traspasar el umbral en el sentido inverso al de entrada.

Me giro y le estampo un apasionado beso a mi otro yo, él no se inmuta, estamos en paz.

Desdeño pulsar el botón de llamada del silencioso pero lento ascensor; para nosotros es una casa nueva y carece de funcionalidad semejante antigualla pero para el resto de los moradores de inmueble, todos con muchos decenios acarreados en sus espaldas, la falta de apresuramiento en el desplazamiento de la caja metálica debe de ser reconfortante. Al fin y al cabo estamos en el entresuelo y únicamente nos separan de la calle dos tramos de escalera y la puerta del edificio y los escalones se salvan sin esfuerzo.

Termas no es de tamaño excesivo pero la diferencia de presión entre la orilla del mar y el interior de la ciudad hace posible que una tormenta se recree en uno u otro punto y la divida tanto en temperaturas como en las precipitaciones. Espero que los nubarrones que se alzan allá a lo lejos, en las cercanías del Mediterráneo, no agüen mi expedición. La temperatura es idónea, veinte grados y todavía estamos a media mañana.

El parque del fondo de la plazuela sigue completamente vacío, deben de ser horas lectivas y hoy en día hasta las criaturas más pequeñas son llevadas en masa a las guarderías y parvularios.

Es posible que de haber podido elegir a mí también me hubiera gustado criarme en un entorno tan impersonal como seguro. No tuve tanta suerte.

He de relajarme o el dolor debido a la tensión muscular que ejerzo sobre mis articulaciones acabará por triunfar y no es lo que ahora mismo necesito si he de tomarme en serio la angustiosa petición que Maruja vino a hacerme tras el entierro de Roberto.

Puede que yo ande algo perdida en cuanto a lo que sucede por estas tierras pero considero que es harto improbable que la defunción de su hijo se debiera a una mano extraña.

Tomo el rumbo adecuado, callejeo con ánimo y pronto estoy en las afueras; apenas media hora de andar con buen paso y los estupendos bloques de viviendas del extrarradio rodeadas de vallas protectoras tras las que avistan magníficos jardines privados que han constituido mi única compañía durante ese espacio de tiempo se quedan atrás. Otra pequeña parte de una hora más de ejercicio aeróbico y me encuentro ya muy cerca del puente dónde Roberto sufrió el mortal accidente.

*****

Puedo soportar bastante bien el ruido de los vehículos que pasan a toda velocidad junto al espacioso lugar del que, para mi sorpresa, no soy la única usuaria. Parejas mayores cogidas de la mano y algún educado ciclista comparten conmigo la enlosada calzada que festonea al tráfico rodado bien defendida por gruesos quitamiedos anclados al suelo, unos y otros nos cruzamos sin prestarnos atención pero pacíficamente.

He tomado el acceso del paso peatonal por la rampa, cómoda y bien estudiada, que no requiere de esfuerzo alguno para atravesar el puente. Anoche mismo me aseguré, consultándolo sobre un plano, de que en ambos lados existen los mismos e idénticos métodos para cruzarlo.

La fatídica escalera ha de ser similar a la que a cinco metros más allá del inicio de mi escogido camino se alza, sólida y bien protegida por barandillas que sobrepasan, según calculo, el nivel del pecho de una persona de talla grande. Avanzo con decisión, pese al estremecimiento que recorre mi columna vertebral al comprender de inmediato la imposibilidad de una caída fortuita al ascender o descender por semejante escalera, y me detengo cuando llego a su altura; cuento tres tramos de seis escalones que se cortan en dos amplísimos descansillos o rellanos en los que reponer fuerzas en su ascensión o bajada.

Pese a que el volumen de vehículos es grande no es hasta que alcanzo la mitad del arco del puente que salva la gran brecha que en otros tiempos llevaba agua, y ahora es un vergel colonizado por infinidad de maleza, talludos árboles en los que se arraciman frutos de intensísimos colores y los familiares e inevitables pero magníficos cañaverales, que soy consciente de la altura de ésta obra pública.

No estaba preparada para contemplar semejante proeza de ingeniería estructural, es una magnífica construcción, ejemplo de continuidad del gran invento romano. Me detengo un instante justo en medio y puedo apreciar a mis anchas la maravilla que con el hierro y el hormigón han logrado los profesionales.

En semejante terreno de aluvión ha debido de constituir toda una proeza afianzar los bastiones. Los dos inicios del gran arco que salva y salta el espacio sirven para que serpenteen bajo ellos con éxito inaudito anchas carreteras y un vanguardista *loop* en el que los vehículos más pesados semejan en la lejanía multicolores juguetes.

He de atravesar totalmente la arcada, el fatídico lugar en donde pereció Roberto se halla en el otro extremo, ahora mismo daría la vuelta, ya casi es una íntima certeza el que no se trató de un

accidente. Desde aquí todavía no puedo ni atisbar la escalera que desciende hasta el suelo para abandonar el puente pero noto cómo decae mi ánimo, quizás se debe al cansancio pero, francamente, dudo mucho que ésa sea la auténtica razón.

De pronto las manchas blancas que permanecían quietas en el fondo de la frondosa espesura alzan el vuelo con elegancia y a compás. Sí, estoy contemplando unas garcetas, las que se han quedado y no se reencontrarán con sus congéneres hasta bien entrado el año próximo.

No va a sucederme a mí, ni un instante he de demorar la marcha hasta mi meta. Le debo a Maruja el fiel cumplimiento de mi palabra empeñada y he de comprobarlo todo fehacientemente sobre el terreno.

Me sobresalto, estaba tan ensimismada que no he apreciado la llegada del alto policía que me dirige la palabra.

Mala señal, poco profesional por mi parte. Quizás los relajantes musculares que me han hecho ingerir para ayudar a la recuperación del hombro tengan alguna parte de culpa.

-¿Necesita alguna cosa, señorita? ¿Se encuentra bien?

-¡Ah! No, agente, muchas gracias. Es usted muy amable. Estaba admirando el grácil vuelo de las aves y la amplitud que ofrece el paisaje desde la altura.

-¿Verdad que sí? Es uno de los puntos más bonitos de Termas, señorita.

-¿Aquello que se ve al fondo es el mar? -Exclamo con sorpresa pues al girarme lo he descubierto.

Estoy perpleja, la franja azul que tenemos a lo lejos no parece ser otra cosa que un trozo del Mediterráneo parcialmente cubierto allí el cielo con nubes que semejan de algodón.

-Muy buena observadora, sí señor. Ahí está el mar y lo que nos rodea por este lado son las sierras que cierran el golfo.

Ha señalado en derredor; más cerca y claramente visibles, se alzan las crestas montañosas en continuo desnivel; en la lejanía, casi velados sus puntiagudos picos por una neblina opaca, continúa la Naturaleza marcando altos límites a ésta franja de fértil tierra.

-¡Precioso!

Verdaderamente es hermosa la vista desde este punto elevado, el más alto que ofrece a los transeúntes la luz del puente.

-¿Desea que la acompañe, señorita? He de prestar un servicio al otro lado pero no corre excesiva prisa.

-No, no. Muchísimas gracias, agente. Iré a mi paso.

-Como guste. Cuídese ese brazo. Que tenga un buen día.

Tras el preceptivo saludo el hombre de uniforme se apresura a continuar atravesando el trozo de arco que resta para completarlo.

En una de las carreteras inferiores parece que un pequeño alcance entre dos vehículos va a echar a perder la sincronía con que todo se mueve, no es así, tras el chirrido de los frenos y algo de humareda que se desprende de los sufridos neumáticos, todo vuelve a la normalidad, como un reloj bien ajustado al que no le importa la hora, el minuto o el segundo que transcurra y, simplemente, funciona con milimétrica exactitud.

*****

-¿Puede oírme? Abra y cierre los ojos si es así, se lo ruego.

Cumplo disciplinadamente con la parte que me encomiendan en este juego del que está claro que formo parte pero no comprendo.

-¿Sabe su nombre?

-Lau… Laura.

Creo que estoy farfullando en lugar de pronunciar con claridad pero la sonrisa que aparece en el pecoso rostro de la joven que me habla me anima a proseguir.

-Laura, Laura Nova.

-¡Excelente! Es usted muy fuerte, señora.

-No…, no entiendo…

-Tranquila, ahora mismo la trasladamos hasta el hospital.

Debo de parecer una mema redomada, la frustración hace que unas rebeldes y cálidas lágrimas rueden por mis mejillas y acaben de desesperarme.

-No debe usted intentar moverse ni preocuparse. Déjenos a nosotros que la cuidemos. ¿De acuerdo? Hemos procedido a quitarle los girones de ropa y está usted completamente cubierta y resguardada con una sábana bien sujeta a la camilla. Hemos visto que en el hombro tiene una gran magulladura y es presumible que si no está roto lo tenga dislocado.

Debo de centrar me atención, intento recapitular, pero nada se abre paso a través de las brumas que parecen obnubilar por completo mi mente. A una cosa sí alcanza mi entendimiento, ¿dónde se supone que me he destrozado la vestimenta? Pese a todo procuro responder, no quiero ser la causante del gesto preocupado de mi interlocutora.

-Dislocado.

Ahora sí que hablo alto y claro. Al fin. No hay nada como un buen *shock* para que me sacuda las tonterías y, la verdad, ni sé lo que me ha pasado ni el porqué de todo esto.

-¿Hace mucho?

-¿Cómo dice?

-No se altere señora, se lo ruego. Es una pregunta sin importancia, se lo aseguro. Únicamente saber si se ha tratado el golpe del hombro y conoce la magnitud.

Recapitulo. Soy consciente de que no se trata de un entretenimiento banal. La chica que se mantiene muy próxima a mí viste una bata blanca y en ella, a la altura de su pecho derecho, hay unas letras en azul que no acierto a descifrar, encima de éstas, como amparándolas, lleva bordada una cruz en el mismo tono celeste.

Está claro que he sufrido un accidente y tratan de reanimarme lo suficiente para evaluar mi estado.

-¡Paciencia!

-¿Cómo dice?

-Que he debido de sufrir un percance lo bastante grave como para necesitar del auxilio de un médico, ¿verdad?

Las graciosas pecas del rostro de mi bienhechora se iluminan, o al menos eso me parece contemplar.

-¿No va a contestarme?

Observo que toquetea algo en mis dos brazos y un gesto de preocupación aparece en el líquido de sus verdes ojos. Imposible volver la cabeza en ninguno de los dos sentidos. Todo se va difuminando delante de mí.

*****

Intento responderle a la voz que me requiere, de veras que lo procuro, pero bastante problema tengo con entender lo que me está diciendo. Al fin desentraño los sonidos que se emiten muy cerca de mi oído derecho. Es Francesco.

—Laura, despierta, querida mía.

Cierro con obstinación los ojos, mejor la ausencia de imágenes que contemplar la amalgama informe en la que se ha convertido el amado rostro, tan próximo, tan lejano…

*****

El sol se debate en la duda de si regalar un poco de su brillo o cederle el paso al contenido de las grises nubes que forman barrera delante suyo.

A mí, sinceramente me trae sin cuidado el que se decida ose empecine en no regalarnos su luminosidad, quiero permanecer aquí, silenciosa y a buen recaudo, mirando con intensidad, espiando en realidad, las idas y venidas de Francesco.

Hay rosas blancas sobre mi mesa, prisioneras en un búcaro de procedencia desconocida.

Cierro los ojos, vuelvo a abrirlos...

Como en los viejos tiempos, en esas malas épocas en que volver a la realidad significaba dolor y pesadumbre demoro conscientemente el retorno.

He debido de emitir algún sonido pues al despegar los párpados me encuentro con la imagen de mi amado que salta hábilmente por encima de la mesita de café, un delicado mueble auxiliar que mora en un rincón junto a tres butaquitas dispuestas para las visitas y completa el funcional y reducido mobiliario del despacho.

-Querida mía, ¿dónde te duele?

Algo pero de lo que alcanzo a intuir debo de estar pues Francesco no se lanza sobre mí y me abraza para consolarme y protegerme tal como tiene por costumbre.

-No es nada, tesoro -al menos me expreso con corrección y fuerza-. Un mal pensamiento, Francesco.

-¿Quieres que pinche otro calmante en la bolsa?

-¿Cómo?

No me contesta, indica con ambas manos el gotero que pende del metálico soporte que tengo tras de mí y del que un gota a gota alimenta un moratón que debe de ser una vena de mi brazo, levanto la otra extremidad para explorarla y la hallo todavía más oscurecida y poco presentable.

Asimilo las imágenes y vuelvo a cerrar los ojos.

No me interesa lo que veo, a la porra.

*****

Maruja no cesa de parlotear, esta mujer parece incansable en su verborrea.

Merche, la antipática viuda de Roberto, me está pareciendo algo menos insoportable a raíz de semejante tortura.

Aguantar con temple la inundación de pensamientos compartidos por la madura mujer no debe de ser fácil.

-Maruja.

Se para en seco, extrañada por mi interrupción.

-¿Sí?

-¿Puedes hacerme el favor de ir a por Francesco y pedirle que se acerque?

Realmente es cargante la manera en que recibe mi petición.

-¿No prefieres que vaya ella?

Señala con poca delicadeza a su nuera y ésta no pierde ni un segundo en bajar los ojos haciendo ademán de ir a levantarse de la butaquita.

-No -Expreso mi monosílabo de manera muy cortante, como nunca pensé que podría serlo con una madre que hace poco perdió a su único hijo-. Te lo ruego, ve a por mi prometido -he tratado de suavizar el tono pero no demasiado-. Gracias.

Maruja despega su anatomía del funcional acomodo, acata con diligencia y mucha perplejidad la encomienda y nos abandona a la viuda y a mí saliendo por la puerta que comunica el despacho con el comedor y la cocina.

-Merche.

-Sí.

-Harías el favor de encender todas las luces de la habitación.

-Claro.

En un instante, no queda en el despacho ni un espacio en sombra. Francesco, a petición mía, ha hecho que nos instalen urgentemente un completísimo juego de lámparas y no existe rincón que escape a la luz. Así me siento mejor, más protegida.

-Gracias, Merche. Acércate lo más rápido posible.

La viuda se sobresalta ante mi petición y el acuciante tono con la que la expreso pero, sin discutir ni pensárselo más, la cumple con todo apresuramiento.

-Voy a contártelo en dos palabras, Merche. Será un secreto que compartiremos las dos. Me mira sin entender y repite mis palabras.

-¿Las dos?

-Tú y yo. Ni una palabra a tu suegra. ¿Lo juras?

Ella se lleva las manos al pecho, algo que ha leído en mis ojos le insta a formar parte de la confabulación pero noto cierta renuencia a dar su palabra y a prestar un juramento sin saber de qué se trata.

-No te diré nada sin que ante me jures que guardarás absoluto silencio, Merche.

Inflexible, desbordante de antipatía hacia una mujer que ante mis ojos siempre cargará con la culpa de haber provocado el enfrentamiento que finiquitó de mala manera la amistad y confianza

que Roberto y yo teníamos, me aferro con las dos manos a los reposabrazos de mi butaca para mostrarle bien a las claras que no cederé un ápice.

Ella va percatándose de que la decisión es tan firme como urgente el cumplir con el requisito pues me ve espiar con angustia una y otra vez la puerta que nos separa de los otros.

-¡Lo juro!

Al tiempo que habla, exclamando con fuerza al pronunciar, toma asiento tras acercar su asiento y poder mantenerse así lo más cerca físicamente posible de mí.

No podemos perder ni un segundo y me lanzo a hablar con verdadera ansia.

-A Roberto, tu marido, le provocaron la caída que le mató. Hasta que terminen de cerrar las investigaciones, su madre, tu suegra, no ha de enterarse absolutamente de nada, y, aún entonces,

haremos lo que dispongan las autoridades pues es vital el hermetismo.

Merche se incorpora de un salto, estremecedoramente pálida, aterrada, yo, sin compasión, le atrapo el brazo que tengo más cerca y tiro de ella para que vuelva a sentarse.

-¡Señor!

-Hay vidas en juego, Merche, ¿comprendes?

Cabecea afirmativamente, unas lágrimas afloran a sus ojos y comienzan a deslizarse con mansedumbre por el rostro de este espécimen al que puede que la pérdida le duela tan profundamente como a mí pero que jamás tendrá reservado un hueco en mi corazón.

Hay cosas que llevo bien arraigadas, malas hierbas si se quiere ver así, no me importaría nada reconocerlo en voz alta delante de ella si Merche me ofreciera ocasión de hacerlo. No sucederá semejante cosa, esta mujer parece acarrear sobre sus débiles espaldas cualquier peso sin despegar los labios.

Dispongo de bastantes pañuelos desechables, ahora casi se han convertido en imprescindibles dada la situación en la que me hallo, estoy tentada de tenderle la caja para que la viuda se sirva por sí misma y se enjugue el rostro y los anegados ojos pero antes de que pueda recomponer mi rabia interior y me permita darme a mí misma permiso para el amigable paso Francesco aparece seguido por Maruja que en cuanto nos echa la vista encima a su nuera y a mí retoma el parloteo sin atender a más.

AJUSTE

La doctora, después un buen cuarto de hora auscultándome y de haber hundido sus diestras manos en todas las cavidades de mi cuerpo, de hacerme andar por encima de una línea recta pintada directamente en el suelo de la consulta, de que me instase varias veces seguidas a alcanzarme la punta de la nariz mientras permanecía sentada y con los ojos bien cerrados en la inhóspita silla que hay delante de su mesa, hace rotar mi mano, manteniéndola bien aprisionada entre las suyas, y tras varias comprobaciones más molestas que dolorosas, me mira satisfecha.

Antes de hablar pliega con esmero el dúctil cabestrillo que ha sido mi fiel compañero y *valet* durante estos interminable veinte días y el segundo ejemplar del que me aprovisionaron aquí.

-Ya no necesita llevar esto puesto. Procure no cargar en exceso el brazo y verá cómo dentro de poco todo ha vuelto a la normalidad. Nada de gimnasio por ahora. En una semanita más podrá empezar con ejercicios fortalecedores bajo supervisión. Mi consejo es que hasta entonces, y ya que las múltiples laceraciones que usted sufrió han encarnado prácticamente al completo, comience a nadar. Absténgase de hacerlo al estilo mariposa, ¿me comprende? Acabe de vestirse y tome asiento, se lo ruego.

Estoy contenta, más que por sus palabras porque me abrocho los últimos botones de la amplia blusa con absoluta normalidad. Mi ánimo no puede estar más alto, la verdad.

-Muy bien, créame, la entiendo a la perfección. El agua no es mi territorio pero tengo ganas de reponerme del todo y cumpliré con su prescripción-. Gracias, doctora.

Creo que se nota en el tono de voz la alegría que me invade ya que al tomar asiento tras su mesa, la doctora me sonríe con dulzura.

-Excelente paciente, señora Nova.

Repasa una a una y en silencio los papeles de diferentes colores que hay cabeceando afirmativamente conforme los va pasando. De pronto se detiene y toma entre sus manos dos hojas grapadas de color rosa intenso, observo con preocupación que su rostro experimenta una gran mudanza, sin darme tiempo a preocuparme, me mira, ensaya una sonrisa abiertamente forzada y los deposita de manera rápida junto a las otras páginas.

-Verá qué bien le hace el ejercicio de natación. Le aconsejo que después del esfuerzo relaje sus músculos quedándose en el jacuzzi, procure que el gimnasio disponga de uno o no sería completo el tratamiento. Con un cuarto de hora en benéfico remojo tendrá suficiente, ¿no queremos que se nos abran las heridas, verdad?.

-Por supuesto que no. Le aseguro que cumpliré a dedillo su prescripción, doctora.

Contempla con exhaustiva atención unos extraños papeles

satinados completamente emborronados con lo que parecen líneas sin sentido desde mi perspectiva y después, con eficiente gesto, procede a cerrar la carpeta que lo contenía todo, ahora tras girarla ella, sí que puedo ver mi nombre que está en el centro del albergue

de documentos en una etiqueta con gruesas letras impresas justo debajo de un gran sello, de subido color rojo, estampado en la cabecera en el que, sin problemas, se lee: URGENCIAS.

- Muy bien, señora Nova. El resto de exploraciones, a falta de unos resultados de laboratorio que necesariamente han debido de demorarse pues se centralizan en la capital, son totalmente satisfactorias también. Completamente de alta, señora Nova. Y, ahora, si me permite, y discúlpeme, hemos de tratar de un asunto incómodo que me han traslado desde la administración. La burocracia no perdona y en tiempos de ajustes todos estamos obligados a colaborar.

Me anticipo y le evito extenderse sobre ésa parte que tan poco tiene que ver con su cometido profesional.

-¡Ah! No pase cuidado, doctora. Dejé a mi prometido anclado al mostrador del hospital y con todos los documentos en solfa, los que trajimos la primera vez con lo del hombro y también los que nos pidieron después del percance que sufrí y que Francesco ha conseguido reunir al completo tan diligentemente como siempre. Todo resuelto.

-¡Anclado! Muy bien expresado, señora Nova. Así es, llevamos siempre la carga de un sinfín de obligaciones, como un ancla que de vez en cuando hay que largar, como dicen los marinos. Algunos cometidos pesan más que otros. Créame, todas las disposiciones son necesarias de cumplimentar, especialmente, también a nosotros nos exigen más papeleo cuando atendemos a los autónomos. Lo importante es que usted puede comenzar a hacer su vida normal y si se aviene a ello de manera paulatina y sin abusar de sus fuerzas todo irá sobre ruedas, se lo garantizo.

-Gracias de nuevo, doctora. Y, sí, ya me he dado cuenta, Tranquila. Infinitas gracias por su magnífico trato y asistencia.

Ambas nos levantamos al tiempo para poder intercambiar un efusivo apretón de manos. Antes de salir compruebo que ella ha vuelto a sentarse; ha depositado la carpetilla que contiene los asuntos que me atañen a un lado y toma y abre con atención el que descansaba coronando el rimero de carpetas que colonizan un ángulo de su mesa.

Salgo sin pronunciar palabra y procurando evitar hacer ruido, cierro la puerta con cuidado y antes de que pueda dar un paso, ésta vuelve a abrirse. Aparece en el umbral la doctora.

-Señora Nova, perdone. Se deja esto.

-¡Oh! Creía que ya no me pertenecía.

-Usted puede donarlo si lo desea al fondo del hospital, los administradores se encargarán de higienizarlo y procurárselo a algún paciente que ande necesitado del soporte y no pueda permitírselo económicamente. Espero verla en mejores circunstancias. Adiós.

No puedo replicar, me entrega bien plegado el cabestrillo y cierra con apresuramiento.

Con las piernas educadamente recogidas, Francesco aguarda pacientemente mi llegada, a su lado descansa una gran carpeta blanca que no reconozco pero en la que aprecio un abultamiento significativo.

La salita de espera no está precisamente abarrotada, unas pocas personas permanecen sentadas, dos o tres más pasean arriba y abajo con muestras de impaciencia.

Quizás la crisis debe de tener la culpa en esta anormal cantidad de acompañantes de dolientes en la sala. También puede ser que muchos ciudadanos se priven de una asistencia médica de nivel y lo mediten mucho antes de decidirse a acudir a un hospital para atender sus urgencias sanitarias.

Estoy muy contenta de no haber confiado a la suerte de una recuperación espontánea mi primera dolencia, la dislocación del hombro, únicamente habría conseguido cronificar el mal y, quién sabe, hasta logrado que la movilidad del brazo quedase mermada permanentemente.

Después, tras el percance, no tuve elección, me trajeron inconsciente, aunque entonces sí, de haber sabido lo que hacía no hubiera dudado en presentarme aquí de buena gana por mi propia iniciativa.

-¡Ya está, tesoro!

Mi ángel guardián se levanta con agilidad y de un salto.

-¿Todo bien?

En lugar de responderle de inmediato le lanzo el plegado cabestrillo y me acerco a Francesco que lo ha recogido al vuelo y con pericia.

-Debemos donarlo al hospital.

-¿Hay que hacer más documentos?

Observo con interés a mi prometido. ¿Está realmente molesto o más bien desconcertado? En ambos casos el gran conocimiento de su segundo idioma se resiente, es obvio.

-Tesoro, atiéndeme, donaremos al fondo de socorro de la institución el *reggibraccio*. Lo aprovechan para personas que no se puedan permitir el adquirirlo. ¿Te parece bien?

Por toda respuesta me estampa un sonoro beso en la frente, el resto de los allí presentes sonríe con complicidad o manifiesta benevolencia y yo, agradecida, procuro compartir con ellos una sentida sonrisa.

Mientras Francesco recoge la carpeta, definitivamente, después de los veinticuatro días que han transcurrido desde que despedí a Roberto, empiezo a sentir que la libertad, y no sólo la de movimientos, ha vuelto a mi vida.

Saludamos a los que se quedan aguardando en la sala de espera y pasamos de nuevo por el mostrador de la entrada principal tras el que se parapetan los dos hombres jóvenes, y mejores maneras para con el público, con los que ya hemos tenido ocasión de charlar varias veces.

-La doctora me ha indicado que puedo donar esto.

-Se lo agradecemos señora Nova.

Le entrego el bultito a Noé, así se llama según consta en el metálico identificador que lleva prendido en la alba chaquetilla con que se viste mi interlocutor; lo toma y lo introduce delicadamente en una de las grandes bolsas transparentes que hay detrás de él.

El otro joven hace señas a Francesco, cuando se percata de que le he pillado *in fraganti* se ruboriza y yo, sin pensarlo, me siento conmovida.

-¿Puedo participar en la conversación o es totalmente privada?

He procurado acercarme con la mejor de las sonrisas que puedo impostar.

-¡Santo cielo! No crea usted, señorita Nova, que queremos dejarla de lado en el asunto. Don Francesco nos pidió que no la trastornásemos con detalles.

Le propino un ligero puñetazo en el brazo a mi prometido; debo de haber recuperado inadvertidamente las fuerzas pues él se encoge al recibirlo cómo si realmente le doliese.

-¡Perillán! Así que…

-Laura, por favor. Deja de hacer travesuras, querida mía.

-Aquí tiene, los resultados analíticos que faltaban sobre las muestras derivadas al laboratorio central por el ginecólogo, señor Francesco.

Antes de que él llegue a tomarlos de las manos de José, el diligente recepcionista que se los tiende con discreción, yo me apodero de lo que parece ser un delgado expediente custodiado por unas bonitas cubiertas de color rosa intenso. Sin pensarlo siquiera contrasto este color con el de las dos páginas cuya lectura robaron en exceso la atención de la doctora.

Noé nos observa a los tres con preocupación, no obstante, acostumbrado como debe de estar en el trato con toda clase de personas, me dirige un educado gesto manifestándome que necesita de mi ayuda. Me aproximo a él sin permitir que Francesco se apodere de lo que llevo entre manos.

-Señora Nova, ¿desea que conste el nombre en su donación?

-No, gracias, Noé. Es una tontería, y, a decir verdad, si la doctora no me lo sugiere ni siquiera hubiera pensado en la posibilidad de darlo.

-Sí, son cosas que no se le ocurren a uno la mayoría de las veces, pero, tenga la seguridad, de que ésta pieza ha de cubrir una necesidad. En nombre propio y del hospital le doy, le damos, las gracias.

José cabecea afirmativamente y Francesco, advirtiendo que se va a prolongar todavía más la escena si depende de mí, pues debo de estar poniendo la cara de preguntona que a él tanto le divierte, me ofrece una mano para que se la coja y sin más, dedicándoles un cordial saludo a los dos hombres a modo de despedida, salimos afuera.

*****

-¿Revisión ginecológica derivada desde urgencias por agresión?

-No te alteres, querida mía.

-¿Cómo pretendes que no me ponga nerviosa si hasta ahora, y no gracias a ti, no he tenido noticia alguna de que fuera agredida sexualmente.

Me tiemblan tanto las manos que la escandalosa carpetilla rosa deja que se desparramen los papeles que custodiaba por la alfombrilla del todoterreno que conduce Francesco.

Es inaudito, me ha estado engañando este tramposo que se mantiene en silencio y con la cabeza peligrosamente gacha.

-¡Mentiroso! No puedo confiar en ti.

Comprendo que estoy gritando, que puede que Francesco haya tenido unas buenas razones para asegurarme siempre, y sin pestañear, que las grandes molestias que he tenido que sufrir en las partes más íntimas de mi anatomía se debían, y eran un fruto más, de las naturales magulladuras y heridas producidas por la pelea y la posterior caída.

Los amarillentos cardenales que ahora se extienden por todo mi cuerpo no me inducían a ponerlo en duda, otra consecuencia añadida del enfrentamiento que sostuve con los dos furibundos asaltantes antes de que me precipitasen por las mismas escaleras del final del puente en las que halló la muerte Roberto, aunque esa parte, la de hallarme en el vacío, no la recuerdo en absoluto, ni siquiera hoy.

¡Y yo, que me consideraba afortunada!

No sé qué me sucede, no puedo controlarme. Estaba empezando a sentirme tan liberada tan feliz…

*****

-Maruja, quiero que sepas ante todo que tus sospechas estaban justificadas. Ahora ya puedo confirmarte que Roberto, tu hijo, pereció a manos de una banda de rufianes. No sé si los responsables son las mismas dos personas que me atacaron a mí tres días después de que lo enterrásemos a él pero ten la seguridad de que las fuerzas del orden se pondrán directamente en contacto contigo

para darte todas las explicaciones y detalles pertinentes en cuanto se cierre el caso, algo que, a día de hoy, Maruja, está a punto de suceder. Por eso te lo estoy contando, ya me han permitido comunicártelo. No debes temer nada, mantente tranquila, desde mi percance, todos, absolutamente todos, hemos estado bajo protección.

No parpadea, mala cosa. Maruja me escucha sin despegar sus pupilas de las mías y parece haberse convertido en una estatua de sal. Salvo por los destellos que parecen saltar hacia afuera desde un punto muy profundo escondido en sus ojos, nadie diría que es un ser vivo. La respiración se le ha debilitado, tanto que es imposible percibir el movimiento natural de las subidas y bajadas en su maternal pecho.

En la mesita de café tenemos un servicio completo de té y bastantes dulces. Francesco ha hecho acopio de las típicas golosinas artesanales que se disfrutan en Todos Santos, festividad que se llama a estas fiestas por otros lares, de Halloween, y que hace poco se celebró como Día de los Muertos.

Una cosa me lleva a la otra y pienso en Rafael Expósito.

Rafael tendrá mucho movimiento en su puesto de trabajo. Es curiosa la cantidad de personas que aquí, al menos una vez al año, se acercan hasta los cementerios y no precisamente para compartir los dulces, éstos, auténticas delicadezas en miniatura elaboradas en las confiterías y panadería del país, se reservan para degustarlas en casa, regalarlas o incluso se utilizan como adorno ya que los vivos colores y las formas son ideales para que alegren la vista y duren mucho sin estropearse dada su composición.

Estoy un poco atontada, llevo días durmiendo pésimamente y me niego en redondo a ingerir cualquier somnífero. Quizás el inquieto duermevela en que desgrano las horas nocturnas del reloj tiene gran parte de culpa por el sobresalto en que acojo las palabras de Maruja.

-Estaba segura, Laura. Algo en mi corazón me decía que no había recuperado a mi hijo definitivamente desde tierra tan lejanas como en las que los dos estabais trabajando para que éste, después, se arriesgara a hacer una imprudencia, tal como me dijeron. ¿Cómo voy a decírselo a Mercedes?

Dejo transcurrir algunos momentos antes de decidirme a hablar. Entretanto aguardo a que se reponga, tomo la humeante tetera sin demasiados miramientos y me aplico en llenar hasta los bordes dos tazas del costosísimo té que Irene, la nieta de Rafa, me ha traído como obsequio desde Londres, escenario en el que ha decidido retomar sus estudios y graduarse como enfermera. Está claro que hoy es el día en que abuelo y nieta aportan una luminosa y cálida luz a mi vida. El caliente líquido agradece la atención que le presto perfumando el ambiente con un generoso olor a jazmín.

-¿Lo tomas sólo?

Maruja me mira como si yo hubiese dicho algo inconveniente pero reacciona con la acreditada fortaleza que la define y no me contesta, coge de la mesita con mucha delicadeza un platillo y lo sostiene en el aire sin que la taza que descansa encima parezca peligrar, tiene un pulso firme, más que yo, por supuesto.

-Desde que desapareció mi Patrón, sin que halláramos ninguna nota de despedida, sin que se encontraran pistas que pudiéramos seguir para dar con él, Roberto siempre ha sido muy cuidadoso.

Yo me mantengo expectante. No sé adónde quiere ir a parar. Es verdad que los dos corríamos grandes riesgos en nuestro empleo de guardaespaldas privados en tierras hostiles pero también sé que es cierto lo que acaba de decir y se corresponde con el carácter de mi fallecido amigo.

La mayoría de las emboscadas eran detectadas por mi compañero antes de que yo pudiese siquiera darme cuenta del peligro inminente.

Formábamos un exitoso tándem en el que la avanzadilla era su experiencia en descifrar señales adversas y mi profesionalidad con las armas, especialmente en la distancia y como tirador, nos permitió ser parte del escaso ramillete de profesionales que operaban con probada efectividad en tierras absolutamente hostiles para los europeos.

Sigo en silencio y ella se anima a tomar una de las pintorescas formas dulces y tras observarla con cuidado se introduce en la boca el diminuto pastelillo y comienza a masticarlo poniendo sus cinco sentidos en ello. Al contemplarla así de serena siento envidia de esta mujer a la que le han arrebatado todo lo que tenía y se apresta a resistir con temple y sin titubeos a la adversidad.

-¿Nunca se llegó a aclarar el porqué de que tu marido…?

-Jamás, Laura.

-¿Qué opinión tenía Roberto del asunto?

-¿No llegó a hablarte de sus sospechas?

-Siempre mantuvimos una distancia infranqueable respecto a eso.

-Él era así, Laura.

-Lo sé.

-Quizás necesites saber el porqué de la ruptura de vuestra amistad antes de que intercambiemos secretos respecto a mi fallecido marido, querida Laura. No tengo demasiada prisa por conocer los detalles de la muerte de mi hijo pues sé que en cuanto me hables de ello ya no podré quitármelos de la cabeza y no habrá espacio en esta mente mía para nada más.

-Como quieras, Maruja. La decisión es tuya, pero, estoy de acuerdo contigo en que tras hablar con detalle del asunto de Roberto ha de ser muy difícil el que puedas durante un tiempo…

-Vale, no te extiendas, Laura.

-Pues, nada, cuéntame todo lo que creas que deba saber aunque para mí están bien claros los motivos y tienen un nombre, Merche.

-Te equivocas completamente, Laura.

Me mantengo desdeñosa respecto a sus palabras y ella deposita su servicio de té sobre la liviana mesita suspirando con paciencia, tal como lo haría una madre respecto a un hijo díscolo y cabezón. Yo, la verdad, me sobresalto bastante. Un control así es indicio de que tras la contención hay muchas razones de peso.

-¿Me quieres decir que tu nuera, Merche, no envenenó y anuló convenientemente para ella la franca amistad existente entre tu hijo Roberto y yo?

-No, bueno, sí, justamente es así. Merche es una buena chica que no sabe de la vida más que lo que le han dicho y si de algo peca es de confiada. No sé si habrás reparado en que ella no se parece a ti; no es fuerte, no es egoísta, no está preparada para nada que no sea aguantarme a mí y a lo que le viene ya que dudo mucho que tiempo vuelva a poner los ojos en ningún otro hombre. Roberto fue su primer amor y la ha dejado definitivamente sola, con una gran responsabilidad a cuestas y a merced de rencores que como el tuyo, carecen de sustancia ni de fundamento y no se lo van a poner fácil.

-¿Cómo hablas así?

-Mira, Laura, por favor. Deja de jugar a la niña maltratada que debió abrirse camino sola.

-¿No ha sido así? ¿Acaso hay algo que objetar o lo encuentras exagerado?

-Yo conozco a una mujer resistente y fuerte que en cuanto llegó a la mayoría de edad se liberó sin miramientos de espurias ataduras y escogió, primero la profesionalidad en el Ejército, y después, ansiosa por ganar algo más de dinero que la escasa paga con que el país le remuneraba por sus arriesgados cometidos lejos de la patria, decidió, al igual que hizo mi hijo Roberto, trabajar por su cuenta y riesgo en una multinacional de la protección personal. Y, muy bien pagados, por cierto. Aunque no te perdonaré nunca el que arrastraras a Roberto tras de ti en la loca empresa de conseguir un patrimonio propio.

Debo de estar con la boca abierta, nunca hubiera creído que ésta pacífica matrona me hiciera un retrato tan realista y descarnado y encima hubiera sopesado con claridad que fui yo la que instigó a su hijo a arriesgarse todavía más por el peculio. Trato de centrarme en el primero de los asuntos. No permito que mi mente se extravíe y ande por derroteros que ahora mismo no son los primordiales.

-¿De veras Merche no es el motivo del distanciamiento de tu hijo para conmigo?

-Te doy mi palabra de honor si es que eso significa algo para ti en este momento.

-¿Entonces?

-¿Cuál crees que es el motivo para que Roberto, a pesar de vuestra indudable amistad jamás te hablase de la desaparición de mi Patrón, su padre?

-¡Merche!

Maruja suspira profundamente antes de inclinarse y tomar otro delicado confite y llevárselo a la boca.

Me observa detenidamente y después, tras masticar con apresuramiento el pastelillo, se inclina hacia mí y me toma sorpresivamente ambas manos entre las suyas, fuertes y callosas, acostumbradas a hacer por sí misma todas las tareas domésticas durante sus sesenta y muchos años de vida.

-Tesoro, veo en tus pupilas un hondo sufrimiento y sé que a Roberto, tú ya lo dejaste enterrado para siempre, no eres de las que miran atrás. No te lo reprocho, sólo así se puede pasar página e ir adelante con un carácter como el tuyo, Laura. Soy bien consciente.

No cargaré a esta mujer con ninguna pena más. Una confidencia mía no habrá de trastornar el sosiego de su espíritu ni enturbiar su mente, pero me asombra lo mucho que puede llegar a enseñar a las personas el transcurrir de la vida. Espero llegar a una edad en la que me sea permitido alcanzar semejante grado de conocimiento. Me apresto a mentirle descaradamente.

-No es nada, Maruja. Demasiado calmantes durante demasiado tiempo. No sufras.

-Espero que no seas condescendiente conmigo, Laura. Pero, respeto el que te guardes tus cosas para ti, al fin y al cabo, tienes a Francesco para que te enjugue las lágrimas si es que…

-De veras, Maruja. Déjalo.

Me incorporo y a pesar de que está sentada y me duelen los movimientos extraños ahora que no hay corriendo por mi torrente sanguíneo ningún calmante, la abrazo con toda mi fuerza y me esmero en depositar sobre su coronilla la mayor cantidad posible de sentidos besos.

VUELO

El atardecer nos regala con un glorioso espectáculo. Resulta fascinante el espejeo del cielo en las grandes superficies inundadas.

Multitud de gaviotas pasan volando por encima de los marjales en alborotados y estridentes vuelos rasantes rompiendo con sus albas siluetas la quietud de los campos de cultivo en cuyos márgenes permanecen estáticas las siluetas de blanco plumaje y picos grises.

Es un afán desmedido el suyo. Se esperan unas a otras, retornan, giran, avanzan, se instan a no perder tiempo y aprovisionarse de nutrientes en el Mediterráneo antes de que anochezca del todo y poder así resistir un día más, una noche más, puede que la última de su existencia, haciendo lo posible por la supervivencia.

-He de volver a volar, Francesco.

-Lo sé.

-¿Te irás tú a Milán?

-Tu casa ya es mi casa, Laura. Aguardaré como ellas.

Francesco señala a las inmóviles garcetas que reciben obstinadamente quietas en sus pechos los últimos rayos solares de la tarde, los largos picos en alto. La mayor parte de las zancudas aves permanece en solitario, otras están en pareja.

-¿No me censuras por ello?

-Querida mía, no serías tú si no lo intentases de nuevo sin Roberto. Has de vencer en la batalla. No tengas duda ninguna, Laura.

Francesco me aprisiona fuertemente por los hombros, echamos a andar sin prisa hacia el cercano mar desdeñando seguirle directamente el juego al Sol y contemplando ahora cómo el nácar de las olas al romper se torna rosa y después las aguas se desprenden del color prestado en la orilla, al diluirse el hermoso rizo y el líquido vuelve a adquirir un aspecto de acero bruñido teñido por el anochecer.

-Sí, he de afirmarme. Sin que me complemente Roberto tengo que saber que puedo seguir con éxito en la profesión yo sola -no permito que de mi pecho escape suspiro alguno-. Ha sido muy lamentable todo.

-No debes mirar atrás más que con cariño, querida mía.

-Lo sé, tesoro. ¿Ayudarás a Merche y Maruja en lo que puedas?

-Ya sabes que sí, Laura.

-Lo sé.

*****

Rafael Expósito y yo nos fundimos en un cálido abrazo, es una despedida que él parece tomar por un adiós definitivo. No sé qué pensar cuando las repetitivas palmaditas con que obsequia mi espalda tardan más de lo deseable, o conveniente, en cesar.

-Volverá enseguida, Rafa. El contrato que ha firmado es de unos meses y no va a aceptar prórroga del mismo, amigo.

-Haz caso de Francesco, Rafa. Te dice la verdad.

Hace mucho que hemos pasado al tuteo, dese que mi prometido y él se citan dos veces por semana para jugar al ajedrez y charlar de sus cosas.

Ahora ya está jubilado este funcionario público que no se cansa de repetir sus expresiones de gratitud hacia mi humilde persona ya que, según él, soy la responsable directa de que su nieta, Irene Expósito, haya retomado lo estudios para finalizarlos.

-No sé yo. Muy guerrera te veo, Laura.

No puedo sino estremecerme, ¿él sabrá algo que yo no quiero confesarme?

-Estuvimos en los arrozales, Rafael -me emociona evocar el lugar, los mágicos momentos vividos allí y la decisión tomada de marcharme que tan comprensiva acogida tuvo por parte de Francesco-. Hay garcetas por toda la gran extensión inundada.

-Claro, Laura. Las aves vuelan por toda la ciudad siguiendo la línea de costa y adentrándose en poblado para hallar alimento y reposo pero su hábitat natural es aquél, lejos de los ruidos y el mal ambiente de las urbes.

-¡Ah! ¡Cuánto sabes, amigo!

Francesco no se ha reprimido, realmente aprecia a Rafael y además tiene en gran estima sus observaciones.

-Por favor, no son más que cosillas de viejo.

-No seas modesto, Rafa.

-Mira, volvamos a lo tuyo, Laura. ¿De veras terminarás pronto tu contrato en el extranjero?

-Te aseguro que tengo en mente volver rápido para daros la tabarra a ambos -los dos me sonríen con indulgencia, como si yo fuera una niña traviesa-. ¡Vale ya! Que sí. ¡Ah! Por cierto, antes de que se me olvide.

-Dime.

Han exclamado al tiempo y esto me hace sonreír de veras, los mantengo en ascuas un momento más antes de compartir con los dos hombres que me miran expectantes lo que desde hace días me rondaba por la cabeza.

-Ya que te has jubilado y tu nieta tiene muchas horas de prácticas, mientras yo no estoy, me gustaría pedirte que le hicieras compañía a Francesco siempre que os venga bien a los dos. Que los dos tengáis que venir hasta las proximidades de tu antiguo puesto de trabajo para poder disputar las partidas de ajedrez me parece una pérdida de tiempo importante para ambos.

-¡Es verdad!

-¿Estás de acuerdo, Francesco?

Creo que no ha podido ser más evidente la petición de auxilio con respecto a Francesco que bonitamente le he planteado a Rafael.

Mi prometido me observa con interés y algo parecido al desconcierto pintado en su rostro.

-Vamos a ver, querida mía. Si crees que…

No le dejo terminar, abandono la calidez dela callosa mano de Rafa y voy directamente a colgarme del cuello de Francesco.

-Dame el capricho de saberte bien acompañado si Rafa se aviene a…

-Naturalmente. Este hombretón no necesita niñera pero lo mismo que yo ando perdido sin las locuras de Irene, él se sentirá muy solo sin ti, Laura.

*****

El pacífico compañero de vigilancia que hoy me ha tocado en suerte es tan callado como lo era mi fallecido amigo.

Agradezco la nueva oportunidad que la empresa de seguridad me ha dado al readmitirme entre sus filas por otros tres meses más como parte de su personal experto.

Las cosas andan un poco revueltas por la crisis del petróleo. La imparable y sostenida caída de los precios ha abocado a abandonar muchas construcciones y el descontento entre los, hasta ahora, pacíficos y abnegados trabajadores foráneos se deja notar cada vez con más fuerza. Nada excesivamente preocupante, mucho menos que las sorpresivas emboscadas de insurgentes en las que nos tuvimos que mover Roberto y yo y el resto de los guardaespaldas.

-¡Atención, Jorge, te estás durmiendo, compañero!

Apenas ha sido un momento pero lo he podido apreciar con claridad desde el otro lado dela habitación. Si nos estuvieran vigilando seguro que no habrían perdido la ocasión.

-Te juro que no me he dormido, Laura.

Él sabe que sé que miente, la diferencia es que él es novato en estos asuntos, desconoce la verdadera magnitud del desliz y yo hace mucho que pude comprobarla, dolorosamente, además.

-No jures en balde -Me desentiendo de él y me aplico a pronunciar con claridad hacia el micrófono-. *Veintidostreinta* al habla. ¿Me copias?

Deseo no comunicar el fallo, es nuestra primera custodia juntos pero necesito refuerzos urgentemente o estaremos metidos en malos momentos si esto se pone caliente y Jorge *no* vuelve a dormirse. Me contempla alarmado y veo cómo abre la boca cual si de un pez fuera del agua se tratase. Al fin rompe a hablar.

-¿Vas a dar parte, compañera?

-Tú tranquilo, Jorge -levanto la mano libre y tapo con esmero el comunicador que pende de la visera del casco y llega hasta el inicio de mi nariz-. Necesitamos un refuerzo exprés y vienen rápido.

Retiro hacia un lado del grueso protector de cabeza el efectivo aparatito y procuro no moverme dando muestras de nerviosismo.

-Gracias, Laura.

Jorge tiene una amplia sonrisa pintada en la cara, creo que es el momento de hablarle claro.

-Quiero decirte algo y que me escuches bien, ¿vale?

-Soy todo oídos.

-Hay que poner los cinco sentidos en todo. Entretén tu falta de acción en calcular, por ejemplo, lo que les pasaría a nuestros protegidos debido a un fallo nuestro. No somos carne con ojos.

Los suyos se han abierto de par en par, si antes le venció el sueño por un instante, ahora está bien despierto. Sé que no volverá a suceder pero aún así aguardamos refuerzos. Es el mejor protocolo.

La vibración en la nuca me avisa de una llamada entrante, silenciosa para el resto del entorno pero que noto al instante. Era suficiente con murmurar la clave que nos identifica, pero por si acaso, he adelantado antes de hablar el finísimo comunicador que había dejado a un lado del casco.

Un escalofrío recorre mi espalda ante lo que escucho. Hay que obedecer y punto.

-*Veintidostreinta*. Procedo.

No hay que perder ni un minuto, debemos sacar a los dos custodiados rápidamente del recinto.

Jorge me observa con indisimulada preocupación mientras preparo el arma y me mantengo presta a la acción. Basta un gesto mío para que él se ponga en movimiento.

*****

Puede que todavía pasen horas antes de que nos izen hasta nuestra salvación halando de los cabos que cada uno de los cuatro llevados enrollados en la cintura por encima de los arneses; no importa, estamos prestos y nos mantenemos alerta.

El temor de la mujer que permanece acurrucada a mi lado anda parejo con la preocupación que se manifiesta en el rostro del hombre que está sentado junto a Jorge.

La verdad es que todos tenemos miedo, ¿a qué negarlo? Sería una inconsciencia rayana en la locura el no padecerlo. La perspectiva de que nos acribillen, o dejarse arrastrar por la preocupación de si el helicóptero se desvía del punto de recogida, no son cosas para que disminuya. Quizás lo peor es el pavor a ser hechos prisioneros.

Nuestros protegidos son dos técnicos de una gran empresa; ella es arquitecto, una de las responsables de la faraónica obra ahora detenida en su avance, un complejo hotelero que debía constituirse en referente internacional de estas resecas tierras, y él, hombre de pocas palabras, parece ser el presidente, o vicepresidente, que no lo tengo muy claro, aunque tanto da, del consejo de administración que no quería dejar pasar la ocasión de sentir la adrenalina fluyendo por sus venas. Bueno, pues, ahora y aquí, va a hartarse de notar las virulentas palpitaciones que provoca la tensión, además de la sed y el hambre, en cualquier cuerpo sometido a la certeza de un riesgo extremo.

Me dispongo a poner en práctica el procedimiento para estos casos. Dejaremos de ser meros custodiados y guardaespaldas.

-Mi nombre es Laura.

Percibo movimiento en los labios de la mujer pero ningún sonido sale de su boca.

-Me llamo Jorge.

-Soy Hermé.

Alto y claro, quizás como contrapunto para el temblor de la compañera, ha procurado pronunciar con fuerza el hombre.

-Soy Pauline.

-Bien, ya nos conocemos todos. Ahora, para ahorrar fuerzas, sugiero que durmamos por turnos.

-¿Dormir?

-¿Aquí?

Ambos están de acuerdo en mostrar el espanto que les causa mi sugerencia.

-No hay más remedio. Durmiendo no se padece ni sed ni hambre y el tiempo pasa de una forma completamente distinta. No sabemos cuánto más hemos de aguardar. Inténtelo ustedes dos, Pauline y Hermé. Jorge y yo velaremos armas. No sufran por ello.

-¿Y cómo se suponer que vamos a poder dormir hechos un ovillo en este asqueroso agujero?

Me está empezando a molestar de veras el tal Hermé. Debería confiar en nosotros, o al menos tener la galantería de no alarmar más de lo que ya está a su compañera, Pauline.

-Señor, si no desea pegar los párpados, le aconsejo que se calle.

-Usted es un empleado, no puede hablarme así, mocoso.

Como un relámpago, la arquitecto, contraviniendo todas las advertencias que hemos repetido Jorge y yo, se levanta y le estampa la palma de la mano con fuerza en la cara al otro protegido.

Hermé ha encajado el bofetón sin apenas pestañear y como si esperase algo semejante de la mujer. Está claro que ambos se conocen y de manera lo suficientemente íntima para que no le extrañe un gesto tan contundente.

-Dejémonos de tonterías. Ya está bien. Pauline, le ruego no vuelva a incorporarse o podrían localizarnos. Ahora, tras revisar con celo el que los arneses estén bien colocados y los cabos no se han trabado los unos con los otros. Comprueben la anilla -parece haber pasado un ángel, no hay rastro de la violenta escena recién acaecida salvo en el rostro del hombre que enrojeció intensamente y así continúa-. Bien, ahora, a dormir, Jorge, yo hago el primer turno. Veinte minutos de sueño y a despabilar el cuerpo y con los ojos bien abiertos.

Jorge sonríe, no me cabe duda de que está rememorando la frasecita que le solté hace un rato. No dice nada, se limita a apoyar diligentemente la cabeza en la tierra batida del hoyo en que nos refugiamos. Estamos dentro de una depresión natural de esta inacabable planicie, un desnivel que hemos agrandado con diligencia excavando en él para ampararnos dentro hasta que llegue el momento del previsible rescate. La amarillenta red de camuflaje que desplegamos encima nuestro está sirviendo tanto para ocultarnos como de quitasol y en cambio nos permite que los cuatro tengamos una clara imagen, toda una suerte ya que la oscuridad empeora mucho las perspectivas de éxito de cualquier misión.

Hermé se queda pasmado, observa sin perder detalle cómo su guardián cierra los ojos y al poco la respiración, pese al grueso chaleco que cubre su uniforme y el arnés que prácticamente lo tapa, es visiblemente rítmica en su pecho.

El hombre se queda unos momentos estático en su contemplación y a continuación, tras dirigirme una mirada plena de tristeza, imita al compañero y abandona la rigidez del cuerpo descansando su cabeza al descanso que le brinda la ocre arena y casi instantáneamente se pone a roncar con suavidad.

Pauline y yo nos sonreímos la una a la otra con agrado y en silencio, no necesitamos hablar de lo que ha ocurrido hace apenas unos momentos, ni tampoco de lo que estamos contemplando.

El próximo turno de descanso será el nuestro, mientras, hay que permanecer alerta, al menos yo, que para eso me pagan.

Estos hombres son fuertes y débiles, protectores y protegidos, como cualquier ser humano que se vea inmerso en una situación que le supere.

Los que no están acostumbrados a pasar por estos trances, un doloroso bautismo en realidad, y a enfrentarse a los límites que todos llevamos dentro, sufren de modo inhumano hasta llegar a aceptarlo.

ESPERANZA

Merche está radiante, parece que en lugar de acabar de salir del paritorio llegase de una fiesta en la que se hubiera excedido con las bebidas.

Le brillan los ojos y nos dedica a todos y cada uno de los que la rodeamos una sonrisa tan maternal que siento romperse la delicada ampolla que contiene la admiración sin límites y que tan pocas veces he tenido la ocasión de ser consciente de que llevo dentro, mucho menos de sacarla a flote siquiera.

-Esperanza es un nombre muy adecuado para mi hija. ¿Verdad?

Curioso el que estas dos mujeres han elegido para la criatura que acaba de venir al mundo. Quizás la defina a la perfección, eso sí.

Maruja besa a la parturiente la tersa frente y a mí me dedica una mueca de la que únicamente las dos sabemos el auténtico significado.

El rubor cubre mi rostro, acude en mi auxilio Irene Expósito, la nieta de nuestro amigo Rafael.

-Ya me la habéis puesto encendida.

-Yo me ocupo de ella, Irene, no padezcas.

Como siempre, Francesco sale en mi rescate. Es extraño, andar con soltura fuera del país, lejos de casa, encargándome de velar por los demás y en cambio aquí, entre mi querido tesoro y gente amiga y cercana, me siento como una desprotegida mujer, al menos eso indica mi propensión a ruborizarme.

-Vamos, vamos, despejando rapidito que hay que poner a la mamá en recuperación hasta dentro de una hora y después la subiremos a planta. Pueden esperarla allí si lo desean.

Irene está transformada, sigue sin que se le caiga de los labios la graciosa sonrisa y se mantiene igual de diligente como cuando nos conocimos en el café en el que trabajaba, pero ahora, cosas del atuendo quizás, ordena con inflexibles maneras y todos abrimos pasillo para que los dos enfermeros arrastren sin trabas el móvil lecho

en el que descansa la feliz madre y los sigue a paso ligero sin girarse ni despedirse de nosotros.

Desaparecen por las batientes y silenciosas puertas en un santiamén y todos nos miramos en silencio.

Maruja, feliz abuela, es lo que rompe el silencio.

-Vamos a los nidos, Esperanza ya estará visible.

Es más que una recomendación, es una contagiosa ilusión la que transmite la voz de la mujer que rompe a andar con seguridad delante de Francesco y mía como si el instinto la guiase hasta su nieta, sin ningún titubeo y sin preguntar la dirección a tomar.

-¿Querrás que tengamos nosotros?

No ha hecho falta utilizar más palabras, Francesco me toma por los hombros y andamos a compás, dos figuras dispares de tamaño pero bien entrelazadas.

-Sí.

*****

Corbata oscura y traje de buena calidad, zapatos resistentes y un rasurado perfecto. Así podría elaborar mi informe si fuera el caso.

El hombre que tengo ante mí no es otro que el encargado de transmitir a la familia y afectados colaterales, como es mi caso, la conclusión de las pesquisas que se han llevado a cabo en el asunto antes de cerrarlo por completo.

Maruja y Merche ya recibieron su visita, fueron debidamente aclarados los puntos oscuros de la desaparición del padre de Roberto y del fallecimiento de éste y las dos firmaron entonces un conciso documento en el que se daban por satisfechas con la labor policial y aceptaban de buen grado tanto conclusiones como los demás puntos pertinentes según me acaba de comunicar el comisionado pero no de todos los sórdidos aspectos.

Ahora me toca el turno y soy toda oídos. Francesco se ha retirado a su mesa y colocado los cascos que le conectan al ordenador para que el funcionario y yo nos sintamos en total libertad.

-Debido a su trabajo y al conocimiento directo que tiene del asunto en su conjunto creo innecesario extenderme en detalles, señora Nova.

-Naturalmente, pasemos a los hechos.

-Voy a darle un informe que le ruego lea con detenimiento y sin prisas; por mi parte, tengo toda la mañana para llevar a término el cometido y usted puede que lo encuentre especialmente interesante. De hallar algún punto poco explicativo, o si se le ocurre alguna cosa que debamos añadir, siéntase en la libertad de transmitírmelo. De antemano le doy las gracias por su colaboración.

-¿De verdad no le importa que me lleve un buen rato el repasarlo?

-Al contrario, se lo ruego, así como el que sea exhaustiva en su lectura. Si todo concuerda y lo da por bueno, dado su estatus de investigadora privada, le entregaré una copia, confidencial, por supuesto, para que la guarde a buen recaudo hasta que lo estime oportuno. Considere que desde el 2013, año en que se aprobó el Real Decreto de Transparencia, únicamente podrá revelarse al público transcurridos cincuenta años. Antes de nada, permítame que le muestre mi pesar por lo que hubo de padecer.

Voy a abrir la boca pero pone delante de mi otro pequeño trozo de papel. Se trata de un cheque en el que está pulcramente escrito mi nombre y debajo, en la línea que le sigue, se expresa una cantidad que me deja con la boca abierta.

-¿Por?

-Del total de lo incautado a la asociación de malhechores desmantelada se han estimado los daños y perjuicios, los suyos, si es que está de acuerdo en firmar el recibí, importan ese total que hay que abonarle. Tenga en cuenta que no habrá de presentar liquidación extraordinaria alguna a Hacienda, la suma es tratada como indemnización por accidente. Me consta que el suyo fue bastante mayor de lo que todos reconoceremos oficialmente pero, es su decisión y la respetamos, por supuesto que sí, faltaría más.

-En fin, les agradezco mucho…

-Por favor, ni lo intente. Permita que la felicite por su definitiva vuelta a Termas. Si usted o su socio desean integrarse en…

Puedo ser muy cortante, intento no deslavazar el tono de voz para agradecerle al hombre su generosa oferta de trabajo pero no sé si lo voy a conseguir del todo, me arriesgo a hablar.

-Valoro su oferta más de lo que pueda expresarle. Por el momento Francesco seguirá al frente de esta pequeña empresa.

-¿Usted?

-Tengo un trabajito pendiente, quizás el más arriesgado al que haya podido enfrentarme hasta ahora.

-¿Acaso retorna a…?

-No, esa fase de mi vida terminó definitivamente; como usted bien ha dicho he vuelto para quedarme.

-No deseo ser indiscreto, discúlpeme, señorita Nova.

-Permita que comience con la lectura. Aquí tiene el recibí del cheque debidamente firmado.

*****

Francesco extiende sus largas piernas y éstas asoman por el otro lado de la mesa del despacho.

Noto sus ojos escrutadoramente fijos en mi persona.

Me levanto y le tiendo el cheque que acaban de entregarme. Lo toma y lo mira con una gran sorpresa que está fuera de toda duda.

-Quizás te interese saber más del meollo que los detalles, tesoro.

-Dime lo que desees y no pases apuro, querida mía. ¿Qué has pensado hacer con esto?

Tardo un momento en responderle. Hasta ahora, los imprevistos nunca eran a ingresar, siempre se correspondían con un menos algo.

-¿Volverías a Milán para un mes o así?

Ha quedado todavía más abrumado que al leer el monto del cheque, tanto, que de modo sorpresivo, me echo a reír y me cuelgo de su cuello.

Parece que medita pero en realidad sé lo que pasa por esa amada cabeza. Intento mirar dentro del azul de sus ojos pero él, maliciosamente, aprieta los párpados y se une a mí en la expresión de regocijo.

-¿De veras no te importa que visitemos a mi padre allí?

-Al contrario, tesoro. Es más, creo que deberíamos animarle a que estén Termas para el nacimiento de su nieto o nieta.

-¿Lo dices en serio, Laura?

-A la pregunta que me has hecho, sí. La que se ha quedado en el camino y no has expresado, también, Francesco.

*****

Con la pequeñísima Esperanza entre los brazos siento que una corriente de alegría navega libremente por todo mi ser.

Quizás esta vez tengamos algo de suerte y no se desmoronen de nuevo nuestras ilusiones. Pronto nos convertiremos en padres.

No dejo que decaiga mi ánimo al respecto. Francesco tampoco se permite mostrar delante de mi la frustración que, no me cabe duda ninguna, le ha abatido de forma continuada en esta lucha que hemos perdido sistemáticamente hasta hace muy poco en que parece que volvemos a levantar cabeza.

La hija póstuma de Roberto es una preciosa criaturita de ojos intensamente negros que se cría con alguna dificultad dado su prematuro nacimiento pero que lucha por salir adelante arropada por su madre y su abuela, dos mujeres en las que cada día tengo ocasión de descubrir valores que jamás conocí.

Me alegra muchísimo la certeza de que a ninguna de las dos les fue dado el acceso a la lectura del expediente completo, un comprometedor rimero de papeles y fotografías perfectamente numerados del que ahora guardo copia con mucho cuidado en nuestra caja fuerte del banco; mejor así, ¿para qué oscurecer con asuntos tan feos las vidas y el futuro de Maruja y Merche? Lo único que les interesaría ya no tiene remedio.

Le paso la chiquilla a Francesco, me acerco hasta los cristales de la habitación y compruebo que no deja de llover, quizás otra gran nube derrama su contenido, justo encima de esta parte de la ciudad; la previsión del tiempo no vaticinaba semejante aguacero pero ya se sabe, estamos en Termas y aquí, el diluvio suele ir por barrios.

Es tremendo contemplar la belleza de expresión que muestra el rostro de Francesco acunando a Esperanza, tararea en voz muy baja una canción que desconozco mientras la pequeña pasa su diminuta manita por la barbilla de él.

-¿Queréis quedaros un ratito con la chiqui?

-¡Claro!

Francesco se ha anticipado a contestarle a Maruja.

-Por supuesto.

-Ahí os quedáis los tres, no le toca comer hasta que volvamos, ¿de acuerdo?

Sin aguardar respuesta de nuestra parte, Maruja y Merche salen trotando por el pasillo y al cabo de pocos segundos escuchamos cerrarse la puerta de la vivienda.

-¿Crees de verdad que tenían que salir?

-Estoy bien segura de que no se les ha perdido nada en el exterior y, mucho menos con este tiempo.

-¡Ya!

Francesco recoge diestramente la toquilla sobre el cuerpecillo de Esperanza y enfila el largo pasillo de la casa hablándole en italiano y en voz alta al bebé.

-Haremos lo que sea necesario para que nazcas.

Puede que la criatura que está creciendo dentro de mí haya escuchado mis palabras, he percibido claramente sus primeros movimientos.

-De acuerdo, lucha y triunfaremos, tesoro.

-¿Decías algo, Laura?

-Nada, tesoro. Voy a echarme un ratito, ¿vale?

-Descansa, querida mía, Esperanza y yo estamos en medio de un gran debate.

Sonrío a mi pesar, no existe asunto más importante que el tratar de continuar luchando por la vida, por dolorosa que sea la batalla.

No le diré nada todavía a Francesco. Si ha de nacer lo hará.

Sigue lloviendo con ganas, seguro que abuela y madre están refugiadas en algún lugar próximo y nos dejan a solas con Esperanza para que disfrutemos un poquito de su compañía.

He sido lo bastante hermética como para poder ocultarles dos de los tres fracasos que hemos sufrido, con la pérdida de uno de mis embarazos ellas ya se sienten mal, no imagino lo que representaría para ambas saber del calvario que Francesco y yo estamos pasando.

Acaparo el butacón que hay cerca de la ventana para procurar distraer mi mente observando las enérgicas gotas de lluvia que baten los cristales y lo hacen con tal fuerza que parecen no confiar en que haya un mañana.

También llovía así cuando despedimos a Roberto. Unas lágrimas ruedan por mi rostro, estoy tratando de secarlas con un gesto decidido del anverso de mi mano cuando reparo en que Francesco me hace señas desde el quicio de la puerta.

Entiendo que Esperanza se ha dormido y necesita ayuda para colocar al bebé en su cunita que está en la misma habitación.

Me incorporo y tomo el liviano bulto de entre sus fuertes brazos; con una envoltura enorme, apenas pesa la niña.

Deposito con tiento al bebé encima de su nido, le quito con sumo cuidado la toquilla y a continuación la tapo con las sabanitas y la ligera manta pero está claro que no con demasiado esmero; se nota que todavía me queda mucho que dejar atrás, cargo con la impedimenta y un arma mejor y con más soltura que con Esperanza. Doy por finalizada mi peligrosa y arriesgada misión en cuanto la respiración del bebé vuelve a ser acompasada tras los tirones que ha debido de padecer por mi inexperiencia.

-Tengo que hablarte.

Francesco acerca una silla hasta la ventana y toma asiento delante de mí. Me he lanzado exhausta sobre la butaca y procuraré no comenzar a hablarle hasta que también mi respiración se regule. Él me observa con ojo crítico y en cuanto percibe los primeros indicios de sosiego rompe el silencio haciéndolo en voz bajita, todo un buen hombre protector de las damas.

-Dime.

-Sé que no te he contado demasiado del asunto Patrón, Roberto.

-¿Quieres hablar ahora de ello?

-Sí.

-Bueno.

Me coge una mano y me la acaricia con delicadeza, ésa que justamente a mi parece faltarme.

-El expediente contiene las fotografías de los dos asaltantes -aunque se sorprende, Francesco no me interrumpe-. Fueron extraditados de manera sumarísima dada la gravedad de los hechos de los que con pruebas irrefutables se les acusó. En sus países de origen, pese al hermetismo que emplean para los asuntos internos, y gracias a una filtración, parece que ya han sido ejecutados.

-¿No querrías dejarlo para otro momento, querida mía?

-No, Francesco, hemos de enterrar el pasado definitivamente si queremos seguir hacia el futuro libres de cargas.

-Bien, Laura. Sigue, si lo deseas.

-Ya sabes que muchos de los casos que nos encomiendan tratan de blanqueo de divisas y tráfico de sustancias estupefacientes o armas.

-Es lo más habitual, sí, querida mía.

-No voy a extenderme, ya sabes lo mucho que me cuesta centrarme en una línea, así que sólo te diré que, Patrón, el padre de Roberto, inopinadamente, callejeando, ya que como sabes se había jubilado, reparó en unos detalles de los que ahora te hablaré y comunicó sus sospechas a las autoridades, pero antes de que pudieran evitarlo, desapareció, probablemente para siempre.

-¿No le hallarán?

-No, Francesco. Desgraciadamente, Maruja no dispondrá de tan humano consuelo. Al menos eso se cree por parte de la policía.

-Es lástima.

-Y tanto. Pero, tesoro mío, si una mujer como ella puede asumir cosa tan espantosa y todavía le ha quedado fuerza de ánimo y resistencia para afrontar también el terrible dolor de perder a su hijo Roberto, no vamos a ser nosotros de tan poco valor como para no seguir adelante.

-Cierto, querida mía. ¿Y, Roberto?

-Roberto abandonó de manera súbita nuestra misión fuera del país en cuanto tuvo noticia de que la desaparición de su padre no había sido fruto de algo inexplicable. Ignoro la manera, y en el expediente tampoco lo aclaraban, y el modo en que se enteró de toda la verdad pero no se lo pensó dos veces, volvió al país y se dedicó a indagar, sabemos, y consta así, que tuvo éxito y ello le costó la vida.

-Terribile!

-Sí, terrible e inhumano, tesoro mío.

Ha dejado de llover, de repente unos inesperados rayos de sol acarician los todavía húmedos cristales de los que comienzan a despegarse a chorros las inquietas gotas de lluvia que hace un momento de agolpaban en ellos.

-¿No me hablarás de lo que ya sabes?

Sé por lo que me está preguntando pero no acierto a contarle de manera indolora la explicación que leí en el informe. ¿Cómo decirle a quien amas que por nos instantes de más o de menos yo ya habría dejado de existir?

-Voy a ser directa, Francesco.

-Te lo ruego, tesoro mío.

Su inquietud es tal que por un momento tengo la tentación de callar las circunstancias en que me hallé. Estoy bien segura de que jamás se perdonará el haberme instado a realizar las pesquisas por mi cuenta yo sola.

-La clave de todo está en el puente.

-No entiendo…

Cierro con fuerza los ojos al tiempo que en un gesto instintivo me abrazo el vientre, ojalá salga adelante esta criatura y no tenga que vivir en circunstancias tan desfavorables como las que por dinero me he procurado yo y las que he debido de afrontar de manera forzosa y como víctima.

-Verás, Francesco. Las vías más grandes de comunicación con el puerto de la ciudad pasan en ambos sentidos por debajo de los muchos puentes que hay desde y hasta allí. Es un lugar estratégico para controlar mercancías que requieren ser llevadas hacia el interior del país tras la estiba o ser trasladas hasta los cargueros para sacarlas del país.

-¿Y?

-Los malhechores que ansiaban expandir sus negocios por aquí, ya sabes, armas, tráfico de drogas al por mayor y contrabando de tabaco y de objetos de arte robados, tenían establecido un complejo sistema que constaba de diferentes y anodinas marcas de control en lo alto de las metálicas cajas de los contenedores que lograran burlar la aduana y que se convertían así en algo fácilmente cuantificable, algo trivial en apariencia, siempre lo es, ¿no es cierto?

-Francesco cabecea afirmativamente y compruebo con pesar lo pálido que está ya y eso que todavía no hemos aclarado lo más sangrante-. Nadie debía descubrirlo, ni siquiera sospecharlo, o todo su esfuerzo habría sido vano. Podrían arrebatárselo los de la competencia, estarían en manos de las fuerzas del orden, y, creo que, lo peor de todo, sus jefes no pestañearían en aplicarles una definitiva fórmula de castigo a los encargados de tan minúscula como poco alarmante pero necesaria tarea -Francesco calla y oculta su rostro entre las manos-. Y, volvemos a los dos hombres que a las horas convenidas tomaban fotografías y nota fiel en ambos lados del puente de todo lo que pasaba por debajo e iba y venía por mar. Las fuerzas del orden, que ya los vigilaban estrechamente, encontraron en sus cámaras fotografías mías del momento en que estuve hablando con el amable policía justo en la mitad del puente. Seguro que me tomaron por una amenaza más a abatir pero no fueron tan rápidos ni tan expeditos con esta humilde mujer como con Roberto y con su padre, Patrón -suspiro con fuerza, no voy a dejar que se derrame de mis ojos ni una lágrima-.

Se entretuvieron conmigo y eso fue definitivo para poder desbaratarlo todo, incluido mi final -suspiro sin demasiado sentimiento, siempre hay un precio que pagar, no hay que darle más vueltas-. Lo demás ya lo sabes. Afortunadamente los efectivos del discreto cerco con el que los mantenían vigilados tomaron las riendas de la situación y llegaron antes de…

-No debí alentarte a ir sola, Laura.

Me levanto y voy hacia él, procuro que deje de oprimirse el rostro pero sus manos son lo suficientemente grandes como para que no me ponga fácil la tarea. Cuando lo consigo, mis ojos se hunden en sus acuosas pupilas, sé que no será fácil pero lo olvidaremos.

Parece que ha comprendido mi mudo mensaje y se relajan sus crispadas facciones.

-Francesco.

-¿Sí?

-Puede que ahora tampoco sea la nuestra, pero, por favor, pon aquí tu mano con cuidado.

No hace falta decir más, somos dos personas de pocas palabras.

Mislata, 27 Octubre de 2016.

Printed in Great Britain
by Amazon